D1755155

Atraídos por lo humilde

Marta Medina Balguerías

PPC

Diseño: Pablo Núñez / Estudio SM

© 2018, Marta Medina Balguerías
© 2018, PPC, Editorial y Distribuidora, S.A.
Impresores, 2
Parque Empresarial Prado del Espino
28660 Boadilla del Monte (Madrid)
ppcedit@ppc-editorial.com
www.ppc-editorial.es

ISBN 978-84-288-3328-8
Depósito legal: M 33512-2018
Impreso en la UE / *Printed in EU*

Queda prohibida, salvo excepción prevista en la Ley, cualquier forma de reproducción, distribución, comunicación pública y transformación de esta obra sin contar con la autorización de los titulares de su propiedad intelectual. La infracción de los derechos de difusión de la obra puede ser constitutiva de delito contra la propiedad intelectual (arts. 270 y ss. del Código Penal). El Centro Español de Derechos Reprográficos vela por el respeto de los citados derechos.

A quienes me atraen hacia la humildad

Prólogo

Este libro tiene su origen en la memoria de síntesis que realicé al finalizar los estudios de grado (o bachiller) en Teología. En dicho trabajo debía dar cuenta de los principales puntos de la teología cristiana estudiados a lo largo de los tres años del grado desde una categoría elegida por mí. La categoría funcionaba como la «lente» con la que debía mirar los distintos tratados teológicos, de manera que estos se abordaban teniendo esa perspectiva como hilo conductor.

Mi categoría o lente fue la de «humildad». La elegí porque resultó ser el concepto que, pese a sus limitaciones, mejor expresaba mi manera de entender la vida gracias a lo que la teología me había aportado. La humildad me parecía una clave para aproximarnos a nosotros mismos, a nuestra relación con las demás personas, a nuestra relación con Dios, y todo ello posibilitado por la manera de ser de Dios mismo tal y como se nos ha revelado en Cristo. Podría decir que es una de las claves principales que he encontrado para entender los temas antropológicos, filosóficos y teológicos de fondo.

El título de la memoria, que es el mismo que he utilizado para este libro, está inspirado en el v. 16 del capítulo 12 de la carta de san Pablo a los Romanos, que difiere según las traducciones. Yo opté por la de la *Biblia de Jerusalén:* «Tened un mismo sentir los unos para con los otros; sin complaceros en la altivez; *atraídos* más bien *por lo humilde;* no os complazcáis en vuestra propia sabiduría» (Rom 12,16).

Y es que no concibo al ser humano al margen de su *deseo* constante, que es uno de sus grandes motores (si no el principal); y entiendo que ese deseo nos habla de lo que anhelamos para ser plenamente humanos: el amor, la comunión, la relación buena con uno mismo, con los otros y con Dios; llámeselo como se quiera. Esa salida de sí para encontrarse con el otro, según creo, no es posible si no se vive desde la *humildad*. De ahí la elección de Rom 12,16, que aúna ambos polos: la atracción o deseo («atraídos») y la humildad que hace posible el amor («por lo humilde»).

En este escrito intento transmitir esa manera de verme a mí misma, de ver el mundo que me rodea y de ver a Dios, mediada por el concepto de humildad y a la que fui dando forma gracias al mencionado trabajo. Con todo, el trabajo fue solo la cristalización de un camino personal recorrido a lo largo de varios años y favorecido por el estudio de la filosofía primero y la teología después.

Por eso pido que, en la medida de lo posible, el libro se lea así: como un camino no terminado, y no como una propuesta definitiva ni como una especie de «demostración» o argumentación de los principales puntos de la fe cristiana. Se trata de una convicción personal que ha ido tomando forma, pero a la que aún le faltan años de estudio, oración y maduración. Mi objetivo con este pequeño ensayo es solo compartir mis reflexiones con quien esté interesado en vislumbrar por dónde transcurre este camino que voy haciendo al pensar y al orar.

El recorrido que propongo comienza con una profundización en el deseo humano y su apertura a Dios y desarrolla después cómo la humildad es la vía para abrirse a quien puede colmarlo. Puesto que Dios es el sentido del ser, el máximo bien que anhelamos, la verdad total y la belleza plena, me acercaré a distintas dimensiones de la fe cristiana a través de estos atributos divinos (Ser, Bien, Verdad y Belleza).

El capítulo sobre el Ser aborda la cuestión del ser humano ante Dios; con el Bien nos asomaremos a la vida moral; la Verdad será el hilo conductor del capítulo sobre la fe y la Iglesia, y con la Belleza propondremos una comprensión sacramental del mundo. Finalmente, a raíz de nuestro anhelo de eternidad, nos asomaremos a la cuestión de la salvación y la escatología y recapitularemos todo el recorrido en el breve epílogo.

Los temas están tratados desde una perspectiva más bien espiritual, que pretende invitar a la reflexión personal sobre la propia vida. No obstante, tienen su fuente en el estudio y meditación de la teología, por lo que también pueden ayudar a una profundización más objetiva y teológica. Recomiendo aunar ambas perspectivas, pues es precisamente esa integración la que me ha llevado hasta las reflexiones que aquí ofrezco.

Aunque el lector no encuentre muchas citas ni referencias a otros autores, quisiera señalar que lo aquí compartido es fruto del estudio y del aprendizaje de lo que muchos han pensado antes que yo. Con todo, para evitar un estilo academicista y favorecer el buen ritmo del discurso, no he querido abusar de referencias externas. Quien sea buen conocedor de la Biblia y la tradición cristiana podrá detectar algunas de las ideas y fuentes que han hecho posible este texto. A pesar de no siempre nombrarlos explícitamente, agradezco a todos esos sabios que nos han precedido que me hayan orientado en el camino.

También doy gracias especialmente a todos aquellos que me han acompañado en este camino personal e intelectual, y en concreto a quienes han contribuido a que intente dar forma a algunas de esas intuiciones en el presente libro. A Nurya, por acompañar la búsqueda y ayudarme a ser fiel a mí misma a la hora de plasmarla; a mi madre, por hacerme consciente de la importancia que ha tenido este tema en mi vida; a mi padre, por leer la memoria y animarme a continuar por esta vía de profundización; a Cris y Luis, por ayudarme a hacer el tránsito del trabajo académico a este escrito, más espiritual y divulgativo, y por su constante ánimo e interés en mi trabajo; a Adri, por la revisión del epílogo y por compartir parte de este itinerario teológico-espiritual; a María Luisa, por sus consejos para el capítulo sobre moral; a Bea, por animarme a frenar y descansar ante el bloqueo mental y «escriturístico»; a Fernando, por ayudarme a superar el momento de sequía inspiracional y por sus valiosas sugerencias; a Tibi, por su generosa revisión estilística y lingüística del texto; a Eva, mi «consejera legal», que siempre compartió conmigo la pasión por la lectura y la escritura, por acompañarme tan de cerca que habla de esta obra como «nuestra». A todas las personas que caminan conmigo en la vida, porque, cada una a su manera, son maestras de humildad, y en concreto a Rober por mostrármela en su entrega servicial de cada día.

1

«Atraídos...»

Todos tenemos deseos. Las cosas nos gustan, las personas nos atraen, perseguimos el éxito, queremos conseguir aquello que nos llama la atención o que creemos que va a colmar un anhelo que experimentamos. Y rara vez nos contentamos con alcanzar aquella meta u objeto que queríamos, porque acto seguido ponemos la meta más allá o nos buscamos un objeto de deseo nuevo. Siempre que creemos estar satisfechos nos damos cuenta de que, en realidad, no es así. Volvemos irremediablemente a desear.

Este dinamismo no solo se percibe en nuestra vida personal; se refleja en todas las dimensiones de la vida social. Se nos ofrece seguir ascendiendo en el trabajo, mejorar cada vez más nuestras condiciones de vida, tener cosas más bonitas o aparatos más eficientes... Todo a nuestro alrededor se aprovecha de ese mecanismo del «siempre más». La publicidad da una vuelta más de tuerca convenciéndonos de que esos deseos son, en realidad, necesidades, y con ello nos aboca a consumir para satisfacerlos.

Estamos tan metidos en esta dinámica que a veces nos cuesta parar a preguntarnos por qué deseamos lo que deseamos, por qué nunca dejamos de querer más y, más interesante todavía, si lo que nos quita el sueño es lo mejor que podemos buscar y lo que más felices nos va a hacer.

Necesidad y deseo

Lo primero que nos deberíamos plantear es si, como nos quiere hacer creer la publicidad, es lo mismo desear que necesitar. En parte depende de cómo entendamos cada uno de los términos.

La necesidad tiene más relación con las cosas inevitables, aquellas sin las que no podemos sobrevivir. Necesitamos algo, satisfacemos esa necesidad y quedamos satisfechos. Ahí se acaba la dinámica de la necesidad.

El deseo es distinto. Cuando anhelamos algo y lo conseguimos, no nos quedamos satisfechos, o por lo menos la satisfacción dura muy poco. Enseguida queremos más... o más de lo mismo, u otra cosa, pero *más*, porque no estamos buscando en ello suplir necesidades básicas, sino algo que aporte sentido a nuestra vida, que la llene de contenido, que nos haga sentirnos felices. Ese impulso vital es inagotable. El *marketing* es bien consciente de ello, pues no nos vende productos, sino que pretende vendernos el *sentido* que buscamos a través de ellos.

A pesar de todo, y jugando con las palabras, podemos decir que los deseos nos son más necesarios vitalmente que las necesidades. Todos necesitamos lo mínimo para vivir, pero, una vez cubierto eso, lo que nos lleva a realizarnos como personas está en la línea del deseo, no de la necesidad. Sería interesante plantearnos por qué.

Deseo insaciable

De lo dicho anteriormente surge también la inquietud sobre el carácter insaciable de nuestro deseo: ¿por qué será que no conseguimos colmarlo plenamente, detener nuestras búsquedas, calmar nuestra ansia de más? ¿Es posible encontrar sosiego? Para bien o para mal, no. No hay nada que inmovilice nuestro desear. Somos seres «atraídos» constantemente, y eso no hay nada que lo borre, tampoco el ver satisfecho un gran anhelo o afán. Nuestras grandes aspiraciones nos ponen siempre en marcha y nos impulsan a ir cada vez más allá, ahondando en ellas, aunque en parte ya se hayan cumplido. Con «grandes aspiraciones» nos referimos a que no se trata de pequeños objetos o caprichos, sino a realidades como el amor de una persona. Incluso eso que parece colmarnos más que otras «cosas» nunca nos satisface del todo.

Podemos pensar que es «una lata» vivir de esta manera, con la sensación de no haber acabado nunca, de no tener todo lo que querríamos. Pero también podemos plantearnos que, si nuestra vida es así, siempre tendrá un toque de aventura, de apertura, de posibilidad, de novedad, de capacidad de seguir ahondando en lo que ya tenemos y en lo que ya queremos.

Si siempre estamos inacabados, si deseamos infinitamente, es porque deseamos el infinito. Y si podemos anhelar algo así, debe ser posible ver colmado ese anhelo. Colmado como se colman los deseos, claro: haciéndose cada vez más grandes a medida que se colman más. No es algo que pueda demostrarse –o no solamente– con un silogismo; a este terreno se accede a través de la intuición y la experiencia personal.

¿Por qué y para qué vivimos?

Todos compartimos este carácter infinito del deseo, puesto que, aunque nuestras aspiraciones concretas suelen ser distintas, la dinámica que subyace es siempre la misma. Y no todas las concreciones llenan el anhelo existencial que tenemos. Algunas nos dejan vacíos en lo que a ese deseo existencial, a ese «siempre más», respecta. Otras se quedan a medio camino. Y, finalmente, las hay que sí nos permiten bajar a la profundidad de nosotros mismos y realizarnos como seres humanos. Para saber cuáles son debemos preguntarnos cuál es nuestro destino, por qué y para qué vivimos. El mejor deseo será el que mejor responda a ese por qué y ese para qué que constituyen el anhelo último de nuestro corazón.

¿Por qué? ¿Para qué? Vivimos por amor y para amar. No estamos aquí por casualidad, sino porque alguien nos ha querido traer a la existencia, y no vivimos porque sí, sino para compartir ese amor que está en el origen de nuestro ser. Es decir, vivimos *porque* somos amados y vivimos *para* amar.

Por eso los mejores deseos son los que nos llevan a amar más y mejor, y los que nos hacen abrirnos más y mejor al hecho de ser amados. Y, lógicamente, son los que tienen relación con las personas y no con las cosas; pues las cosas no pueden amarnos, mientras que las personas son el principio y el fin del amor[1].

Deseo y amor

Poco a poco vamos concretando: somos seres hechos por amor y para amar, y somos seres hechos de deseo constante. No parece muy audaz concluir que el deseo y el amor tienen una estrecha relación. Si lo pensamos detenidamente, la dinámica del amor es parecida a la del deseo (aunque tienen sus diferencias): cuanto más

---

[1] En realidad, las cosas tienen su papel en todo esto, pero solo cuando hayamos descubierto la verdadera relación con las personas. Lo veremos al hablar de lo sacramental.

amamos a alguien, menos «controlado» lo tenemos, más entendemos que esa persona es un misterio y que siempre nos sorprenderá con algo nuevo; y, sobre todo, más se acrecienta el deseo de esa persona, más deseamos seguir amándola más y mejor. El amor nos lleva a seguir profundizando, igual que el deseo.

Se van abriendo nuevas preguntas. Si queremos amar cada vez más, ¿significa eso amar a más gente o amar más a la gente que ya amamos? ¿Se ama más amando un poquito a mucha gente o amando mucho a una sola persona? ¿Es posible amar a alguien sin desearlo? ¿Y desearlo sin amarlo?

Nuevamente, depende de qué entendamos por amor y deseo. Conviene pensar el deseo desde una perspectiva amplia. El deseo erótico o sexual, aunque es una parte de él, no lo agota. Hay una dimensión más profunda: la atracción o tensión que sentimos hacia los demás, no necesariamente en clave amorosa, sino en clave general, existencial. Queremos tener relación con los demás, importarles y que nos importen. No hacemos nuestra vida al margen de ellos. Anhelamos su amor.

Esta dimensión del deseo, este anhelo de comunión con el prójimo es el que está muy relacionado con el amor. Porque si el deseo no es solo romántico o erótico, el amor tampoco es solo el amor romántico o de pareja: es la relación buena y verdadera con los otros, desde el respeto y la entrega.

El amor es más decisión y compromiso que sentimiento, aunque el sentimiento también sea muy importante en el amor. Una decisión y un compromiso que no se acaban tan pronto como la emoción, sino que perduran a través de nuestra voluntad y nuestro empeño por el otro. Pero una decisión y un compromiso que se ponen en marcha por el deseo, por la atracción existencial que el otro ejerce sobre nosotros.

Es decir, en el amor, ni es todo una cuestión de puños y esfuerzo, ni es todo cuestión de sentimiento, ni es todo cuestión de atracción. Hay un poco de todo, y eso es lo que hace que el amor crezca y prospere. Respondiendo a la pregunta de antes, podemos desear a alguien sin amarlo y amarlo sin desearlo solo si creemos que el deseo es una atracción física sin más en la que no entran otras cuestiones; pero, si tenemos una visión más amplia del deseo, será más difícil que podamos divorciarlo completamente del amor.

Somos seres «atraídos» porque necesitamos de los demás para cumplir nuestro destino, que es amar y ser amados. El deseo nos pone en marcha, pero el amor requiere compromiso y voluntad, de un lado, y compasión y sensibilidad, de otro. En ocasiones, la atracción no es experimentada de forma tan fuerte como al principio y toca hacer memoria para recordar por qué deseábamos y por qué estábamos comprometidos. Pues, de lo contrario, sometido a los vaivenes de la emoción, no hay amor que dure.

Deseo de Dios

Decíamos que deseamos infinitamente porque en nosotros está la huella de la infinitud, y que, si la buscamos, es porque puede colmarse esa búsqueda, ese anhelo. Por eso nuestra dinámica del «siempre más» nos lleva a la pregunta por Dios y su relación con nosotros. Y no podemos reducirla a un argumento o una prueba racional... es una cuestión sobre el *sentido* de nuestra vida y de la realidad. Por eso los razonamientos teóricos, aunque importantes, no son la vía principal de acceso a una respuesta satisfactoria para esta inquietud vital. La pregunta por Dios es y será una pregunta abierta a la que debemos responder libre y personalmente, poniendo en juego nuestra vida y no solo nuestras ideas.

Nuevamente, es una cuestión de saberse atraído y dejarse atraer. De ahí nace todo lo demás, como las normas morales. Nuestra relación con la trascendencia no se reduce a ellas; es una cuestión de deseo y amor, y para salvaguardar ese amor surgen en un segundo momento las directrices sobre cómo vivir con el prójimo. Por eso, aunque no puede haber relación con Dios al margen de un crecimiento moral –o no debería haberla–, tampoco podemos reducir lo que significa él para nosotros a una serie de normas morales –ni a una serie de verdades abstractas– que el cristianismo o cualquier religión nos «impone». Conviene pensar esta relación en clave de deseo y libertad, en clave de amor.

Por todo ello, el cristianismo no es *primeramente* un conjunto de directrices éticas y valores; tampoco un conjunto de razonamientos filosóficos y teológicos sobre Dios y el ser humano, aunque ambas cosas sean muy importantes y a ellas les dedicamos los cristianos tiempo y reflexión. El cristianismo empieza porque alguien responde al deseo que hay en nuestro corazón y nos enseña a explorarlo y vivir desde él en comunión con los demás y con Dios. Los razonamientos teológicos pretenden comprender críticamente esa experiencia primera; las normas morales, salvaguardarla.

Así, la experiencia cristiana comienza porque Dios mismo nos comunica cuál es el destino para el que estamos hechos y nos ofrece transitar por el camino que nos lleva plenamente a él, enseñándonos quiénes somos nosotros mismos, quiénes son los otros, quién es él y cómo vivir esas relaciones en plenitud. Al mismo tiempo, nos enseña a concretar en nuestra vida diaria este deseo de trascendencia, de «siempre más», encaminándolo a través del amor. No obstante, para entrar en el amor, hay que atravesar una puerta: la humildad. Paradójicamente, si queremos ver satisfecho nuestro infinito anhelo debemos empezar por desapropiarnos de nosotros mismos, como a continuación veremos.

2

«... POR LO HUMILDE»

Vivir de apariencias

«Atraídos [...] por lo humilde» (Rom 12,16). A simple vista parece poco verosímil. Hoy en día atrae lo que llama mucho la atención, y quizá por eso todo invita a tener éxito, ser famoso, rico y reconocido... o al menos a parecerlo. Se trata de ser el centro de las miradas para atraer a los demás. En principio se busca atraer de verdad, con características personales que los demás valoren realmente, pero, a falta de dichas características, nos vale con aparentar tenerlas. Más o menos a esta realidad se refiere el término «postureo»: vivir de *posturas* –o *im-posturas*–, de apariencias[2].

La inseguridad y el deseo de aprobación se infiltran en nuestras vidas sin que nos demos casi ni cuenta y consiguen que vivamos más para alimentar la imagen que queremos dar que para ser realmente nosotros mismos. Esto sucede con las cosas más variopintas:

---

[2] Se trata de uno de los términos incorporados recientemente a la versión *online* del *Diccionario* de la Real Academia Española; allí aparece definido como «actitud artificiosa e impostada que se adopta por conveniencia o presunción».

queremos ser, o en su defecto *parecer,* los más fuertes, los más listos, los más exitosos, los más buenos, los más malos (en esto es cuestión de perspectivas, según lo que valoren los que tenemos cerca); incluso los más tristes o los más desdichados. La cosa es ser *lo más;* de qué lo seas es secundario.

Sin embargo, en esto experimentamos una aparente contradicción. Vivimos de apariencias y las buscamos como los demás, pero a la hora de soñar nos atraen más las personas que logran algo grande siendo auténticas y que además no presumen de ello. Esto es especialmente notorio en los adolescentes. Basta con echar un ojo a las actuales sagas de libros y películas juveniles: en la mayoría, la heroína –porque últimamente suelen ser siempre mujeres– es alguien que se considera del montón, que no confía excesivamente en sí misma, normalmente algo tímida y que esconde en sí un gran potencial que acaba saliendo a relucir. Suele ser también una persona noble y preocupada por el bien de los demás que no busca ser el centro de atención. Vale la pena preguntarse por qué tienen tanto éxito este tipo de protagonistas en una sociedad que vive de las apariencias.

¿Apariencia o autenticidad?

Quizá esta supuesta contradicción nos esté hablando sobre quiénes somos. Por un lado, queremos llamar la atención para tener a los demás de nuestra parte. Por otro, aunque nos atrae quien consigue aparentar éxito, nos atrae más aún quien lo acaba teniendo sin perseguirlo como objetivo en sí mismo. Es decir, nos gustan las personas que triunfan sin dejar de ser ellas mismas y sin necesidad de pisotear a los demás en su camino hacia ese éxito que todos ansiamos.

En el fondo, no es tan contradictorio como podría parecer. Si queremos llamar la atención de los demás, es porque los deseamos –como dijimos en el capítulo anterior– para cumplir nuestro objetivo en la vida: amar y ser amados. Este deseo es tan fuerte y tan medular en nuestra vida que el miedo a no cumplirlo nos lleva fácilmente por el camino de la apariencia y la inautenticidad. Si no conseguimos conquistar a los demás por quiénes somos (pues al mirarnos a nosotros mismos nos solemos ver como muy poquita cosa), al menos lo intentaremos *aparentando* ser alguien digno de atención, digno de amor.

Quien más nos cautiva, en realidad, son aquellos que consiguen esa atención y ese amor del prójimo sin vivir de las apariencias, siendo quienes son, sin alimentar ese miedo al qué dirán los demás o a ser rechazados. Nos encantaría vivir así también, pero el miedo a no ser aceptados es tan fuerte que preferimos dejarnos llevar por la moda, las opiniones ajenas o cualquier otro aparente camino más rápido hacia el éxito que nos disuade de emprender nuestro propio camino, mucho más incierto (aunque, en realidad, es el único que puede llevarnos a buen fin).

Así, nuestra vida es una especie de pugna entre el fingimiento y la autenticidad; entre el miedo a estar solos y la valentía de ser nosotros mismos, corriendo el riesgo de no gustar como somos; entre la apariencia y la realidad; entre buscar superficialmente satisfacer nuestro deseo más íntimo de amor o ahondar en nuestro propio ser para llegar al meollo de ese deseo. Llamémoslo como queramos: es una lucha entre la tentación de diluir quienes somos, empujados por fuerzas ajenas, y la vocación de ser nosotros mismos, encontrando nuestro lugar y misión en la vida.

La falsa seguridad

La tentación se alimenta de nuestro miedo. Nos ofrece una salida fácil, un atajo para conseguir lo que queremos, y siempre lo presenta como algo bueno o con un fin bueno. La tentación es muy astuta. Nunca va a instar a elegir el mal por sí mismo (eso más que tentación es perversión). Lo que busca es que se consientan medios malos por un supuesto fin bueno (que a veces lo es y a veces no, pero casi siempre lo parece).

El miedo que sentimos se deriva de nuestros propios deseos. Cada persona somos el centro de nuestro mundo y nos da seguridad sentir que efectivamente lo somos. Por eso es frecuente que tengamos impulsos egoístas: seguir siendo el centro y que los demás se doblegen a nuestra voluntad nos da esa sensación de control sobre nuestra vida y nos hace creer que tenemos más posibilidades de que nuestros deseos se cumplan.

La clave de todo el asunto está en que lo que realmente llena nuestro deseo, como antes decíamos, es el amor del prójimo. Y ese amor no puede comprarse ni puede extorsionarse. Cuando se intenta conseguir por ese tipo de medios, fracasa, porque no es verdadero amor, ya que no es libre. Esa es la trampa de aparentar: cuando tenemos a todos a nuestro alrededor por todo lo que tenemos, por nuestro éxito, por lo que *parecemos* ser, nos damos cuenta de que no nos vale para nada, porque nunca sabremos si alguien nos quiere realmente *por nosotros mismos*.

Ser el centro de nuestro mundo nos da –falsa– seguridad, pero a la larga nos deja vacíos. Porque, si estamos hechos para amar a los demás, no es posible realizar esta meta si nos encerramos en nosotros mismos y pretendemos que sean los demás los que vengan a nosotros. Si alguien no está dispuesto a amar, difícilmente va a construir alguna relación profunda y verdadera con los demás. Y para ello no solo hay que pretender recibir, sino también estar dispuesto a dar.

A pesar de la fuerza de nuestros miedos, es posible salir de nosotros mismos y realizarnos en ese destino «excéntrico» –«fuera de nuestro centro»– que tenemos.

Para ello hay que tener la valentía de querer ser tú mismo y buscar quién es el otro en sí mismo con sinceridad y apertura. Y esto solo se consigue siendo humilde.

Hacia una definición de «humildad»

La humildad es un requisito indispensable del amor. Sin ella no podemos relacionarnos bien con los demás, y por eso sin ella es imposible amarlos del todo. Es la característica que nos atrae de los verdaderos héroes y las verdaderas heroínas de las historias que nos cautivan. Y en el fondo es un atributo que nos atrae de cualquier otra persona, aunque es difícil darse cuenta con tanto ruido que hacemos intentando llamar la atención a toda costa.

Pero ¿qué es realmente la humildad? A veces utilizamos las palabras de forma diferente, porque cada uno les damos nuestra propia connotación. Hay quien habla del humilde como aquel que tiene falsa modestia y nunca quiere admitir lo que hace bien para que otros se lo digan. En ocasiones se usa este adjetivo para hablar de quien no tiene autoestima. También para referirse a quien tiene orígenes modestos y no procede de una familia acaudalada o famosa. Por lo general suele emplearse para hablar de gente que no busca ser el centro de atención o que, por cualquier motivo exterior a sí mismo, no lo es.

Las distintas definiciones y los diversos usos de la palabra tienen algo en común, pero conviene precisar cuáles de las características mencionadas forman parte de la verdadera humildad y cuáles son añadidos por las connotaciones que damos a la palabra y que no responden a lo que realmente es una persona humilde. Aunque quizá puedan existir distintas definiciones, aquí buscaremos la acepción que más nos ayude a entender el dinamismo espiritual que nos conduce hacia el amor del y al prójimo.

Comenzar con la definición de «humildad» que da el *Diccionario* de la RAE puede ayudarnos a abrirnos paso en este conjunto de opiniones diversas: «1. f. Virtud que consiste en el conocimiento de las propias limitaciones y debilidades y en obrar de acuerdo con este conocimiento. 2. f. Bajeza de nacimiento o de otra cualquier especie. 3. f. Sumisión, rendimiento».

Como vemos en la primera acepción, la verdad sobre uno mismo es imprescindible para la humildad, y también lo es su consecuencia práctica: «Obrar de acuerdo con este conocimiento». Así, la persona humilde es aquella que se conoce a sí misma, en especial sus límites y debilidades, y por ello obra sin situarse por encima de los demás, siendo consciente de que es tan pobre como ellos.

La segunda acepción habla sobre la pequeñez del humilde, al que se considera así por su nacimiento u otras circunstancias vitales. Según defenderemos aquí, la pequeñez de la humildad viene, en primer lugar, de una disposición espiritual –más en la línea de la primera acepción–, aunque luego la extrapolemos a circunstancias sociales. En todo caso, tiene en común con la acepción anterior la alusión a la pequeñez (en la primera, en forma de límite y debilidad; aquí, en cuanto al origen social).

La tercera acepción, tal y como está formulada, puede inducir a error. La humildad no es verdadera si no es libre. Por tanto, una sumisión entendida como falta de libertad no es verdadera humildad, pero si esa sumisión es una consecuencia práctica de una elección libre que nace de la disposición espiritual humilde, sí puede considerarse como parte de la humildad. Solo quien *libremente* decide entregarse a los demás poniéndose a sí mismo «por debajo», sin faltar nunca a *su verdad,* es realmente humilde.

De nuestro diálogo con la RAE podemos entresacar varias características: conocimiento de uno mismo, especialmente de los propios límites y debilidades; actuación consecuente con dicho conocimiento; pequeñez de la persona entendida desde distintos puntos de vista, también sociales; capacidad de entrega y «sumisión» que, puntualizando «humildemente» a la RAE, debe ser en total libertad y sin faltar a la verdad.

Creo que podemos resumir todo esto en dos palabras: verdad y delicadeza. La persona humilde es aquella que conoce la *verdad* sobre sí misma. Esto supone reconocer sus virtudes y sobre todo sus limitaciones, que es lo que suele costar más. Y esa persona se relaciona con las demás con *delicadeza,* respetando la *verdad* de los otros y sin pretender imponerles sus intereses ni su criterio. Esto la lleva, normalmente, a entregarse por los demás y a ponerlos muchas veces por delante de sí misma. ¿Dónde queda entonces la cuestión de la pequeñez? Dentro de la palabra «verdad».

La verdad del ser humano

Nuestra *verdad* es que deseamos constantemente, porque somos seres *necesitados* de los demás. Por eso, al asomarnos a quiénes somos realmente, encontramos virtudes, pero también límites y debilidades, cosas que no nos salen bien, empresas en las que fracasamos, en suma, pobrezas que tenemos. No podemos relacionarnos bien con los demás sin ser conscientes de ese hecho. Por eso aparentar que todo nos sale bien no es garantía de éxito en el amor, pues no cuenta de forma realista con nuestra realidad.

Somos, por tanto, seres pequeños, seres limitados. Quien reconoce esa faceta de su humanidad es mucho más capaz de relacionarse con los demás con misericordia y comprensión, pues sabe que están hechos del mismo barro que él mismo.

Pero nuestra verdad no solo se reduce a aquello que nos sale mal o de lo que no somos capaces. No solo estamos formados por heridas. También es importante conocer y reconocer nuestras virtudes, logros y posibilidades. Somos capaces de lo más vil, pero también de lo más hermoso. Podemos soñar a lo grande porque, a pesar de nuestra pequeñez, nos es posible hacer cosas que nos superan.

Normalmente esto de ver lo bueno que hay en nosotros no se suele vincular con la humildad. Quizá porque es más difícil reconocer nuestros límites y se ha tendido a enfatizar más ese aspecto. La persona verdaderamente humilde es aquella que también conoce y reconoce el bien que hace, solo que no desde la soberbia y el engreimiento, sino desde una actitud de sencillez del corazón.

Esa sencillez solo puede lograrse a través del agradecimiento. Solo quien sabe que su existencia le es regalada y que constantemente está recibiendo del mundo y de los demás puede vivir sus propios logros con humildad, pues de esta manera no se los apropiará egoístamente, sino que los reconocerá como don para entregar a los demás, entendiendo desde ahí su propia vocación y misión:

> La felicidad tiene que ver con su capacidad de adoración. El ser humano tiene en sí mismo una capacidad divina de maravillarse, de alabar y de dar gracias. A

menudo esta capacidad es tergiversada, desviada, pervertida hacia uno mismo. No obstante, cuando se convierte al otro y a Dios, el ser humano encuentra su felicidad plena, perfecta y completa. Esta felicidad plena siempre va acompañada de una misión personal[3].

En definitiva, la humildad nos habla de la paradoja que somos las personas: tan pobres y limitadas y al mismo tiempo tan capaces de grandes cosas. Y ambos polos nunca pueden suprimirse, sino que hay que aprender a vivirlos de manera integrada. Esa es nuestra verdad más honda: somos seres que no nos bastamos a nosotros mismos, pero que, cuando nos dejamos mover por el agradecimiento, somos capaces de amar y de hacer algo grande por los demás.

DELICADEZA AMOROSA

El otro aspecto de la humildad, además de la verdad, es la *delicadeza*. El humilde no solo conoce su propia verdad, sino que además se asoma a la verdad de los otros de manera delicada, *respetando su libertad*. Esto nunca quiere decir que niegue quién es él mismo. Al contrario: en su relación con el prójimo no deja de ser

---

[3] B. DAELEMANS, *Encuentros en el camino. Una propuesta de discernimiento espiritual*. Madrid, PPC, 2015, p. 25.

él mismo y de ofrecerse así a los demás, pero no lo hace de manera arrolladora, sino respetándolos y posibilitando que ellos también sean quienes son (o, más bien, quienes están llamados a ser).

Es decir, la humildad nos permite realizar nuestro destino de amar y ser amados intentando que los demás también lo realicen. Busca el bien propio buscando el bien ajeno. Es el único camino posible para el amor, porque sin verdad ni libertad ninguna relación puede ser plena.

Nuestro deseo de trascendencia tiene relación con el deseo que hay en nuestro corazón de «siempre más», de manera parecida al deseo que tenemos del amor del prójimo. Al fin y al cabo, Dios también es un prójimo, un «Otro» con el que podemos entrar en relación. También la humildad es el camino para abrirnos a una posible relación con él.

La humildad en la Biblia

La Biblia maneja una idea de humildad que tiene dos sentidos relacionados entre sí: por un lado, la mansedumbre o delicadeza con la que se trata a los demás; por otro, la pequeñez o pobreza que caracterizan a alguien. Es, más o menos, lo que ya hemos dicho, solo que entendido desde un horizonte más explícitamente creyente.

Según la Escritura, los pobres, pequeños y débiles son los que tienen mayor posibilidad de acceso a Dios. ¿Por qué? Porque la conciencia de su pequeñez les permite poner sus esperanzas en Dios sin centrarse en ellos mismos y en sus propias fuerzas. Quien piensa que ya lo tiene todo difícilmente reconocerá que necesita de los demás y de Dios, lo que le lleva a encerrarse egoístamente. Quien se sabe necesitado lo tiene más fácil para estar abierto y aventurarse a un encuentro real con los otros y con el Otro. Y ese saberse pequeño lleva a tratar a los demás con mansedumbre, con delicadeza.

De ahí viene una de las más importantes paradojas del cristianismo: para ganar la vida hay que «perderla» –es decir, desapropiarse de ella–; porque solo si reconocemos que no nos pertenece, que nosotros solos no podemos llenarla, dejaremos que otros la llenen. De lo contrario, nos cerraremos al don que viene de fuera, porque estaremos pretendiendo que nos bastamos y sobramos con nosotros mismos.

La humildad, apertura a la trascendencia

Ese don que viene de fuera procede de los demás, indudablemente, pero también de más allá. Siempre deseamos *más*: un amor *más* puro; un amor *más* duradero; una satisfacción *más* profunda del deseo... Ese «más» es el infinito amor de Dios. Y, si deseamos el infinito..., ¿no será porque es posible colmar ese deseo? No parece plausible que podamos desear como lo más necesario e íntimo de nuestro ser algo que no existe en absoluto; si encontramos en nosotros un anhelo semejante, tiene más sentido pensar que ese anhelo nos habla de quiénes somos realmente: seres necesitados y deseosos de *más* amor, de un amor infinito. Así lo expresa bellamente Orígenes de Alejandría:

> Creemos que ese deseo, ese amor, sin duda ha sido insertado por Dios en nosotros; y tal como el ojo, de modo natural, busca la luz y la visión, y nuestro cuerpo, por naturaleza, desea alimentos y bebida, así nuestra mente contiene un deseo propio y natural de conocer la verdad de Dios y de conocer las causas de las cosas. Y hemos recibido de Dios este deseo no para que no deba ni pueda nunca ser colmado; de otro modo, si nunca se realiza la posesión del deseo, el amor a la verdad parecerá insertado inútilmente por el Dios creador en nuestra mente[4].

La humildad es nuestra meta para conseguir una meta mayor: la felicidad (entendida hondamente como plenitud y no como mero bienestar). Lo intuimos más de lo que queremos admitirlo. Admiramos y valoramos

---

[4] ORÍGENES DE ALEJANDRÍA, *Sobre los principios*, § II.11.4.

a la gente humilde y solemos amarla con más sinceridad. Si nosotros no lo somos, es por miedo a estar solos, a no gustar a los demás tal y como somos realmente. Y el miedo lo enturbia todo, inclinándonos con frecuencia hacia la tentación del egoísmo, de la envidia, de la falsedad, de la apariencia, de todos esos supuestos «atajos» que no llevan a ninguna parte.

La humildad es la llamada a transitar la senda que realmente nos llevará a nosotros mismos a amar al prójimo tal y como él es; y es también la llamada del «más allá». Solo si somos lo suficientemente humildes para reconocer que queremos siempre más, que deseamos un bien perfecto que no encontramos plenamente realizado en nuestra vida, que tenemos un deseo de un amor mayor... Solo si reconocemos eso podremos abrirnos a la posibilidad de que sí exista algo más, de que haya una trascendencia. Solo siendo humildes podemos preguntarnos con honestidad si Dios existe y, en tal caso, si queremos entrar en relación con él.

Para hacernos esta pregunta no debemos reducir esta cuestión, que es existencial, a algo meramente intelectual. Debemos mirar la verdad de nosotros mismos, de nuestro corazón; asomarnos a lo hondo de nuestro *ser* y experimentar nuestros deseos más hondos. Y solo desde ahí... empezar por dejarnos atraer.

3

En busca de nuestro ser

Somos seres «atraídos» que buscamos cumplir nuestros deseos para ser felices. Lo que los colma totalmente es el amor, al que se accede por la vía de la humildad. Pues bien, uno de esos anhelos más importantes es saber quiénes somos, por qué estamos aquí y, sobre todo, cuál es nuestro papel o misión en esta vida.

¿Cuál es el secreto de nuestro ser? Experimentamos que somos más de lo que parecemos ser, que deseamos hondamente más de lo que superficialmente queremos, que hay una constante inadecuación entre nuestras pequeñas elecciones cotidianas y nuestros deseos más hondos. Es más, cuando profundizamos lo suficiente como para percatarnos de ello, nos damos cuenta de que no solo nos *hacemos* preguntas, sino que *somos* una pregunta para nosotros mismos, y no solo *tenemos* deseos concretos, sino que *somos* deseo constante e inacabado. ¿No será que la respuesta a la pregunta que somos es lo que atrae tan fuertemente nuestro deseo?

Para respondernos a estas preguntas debemos asomarnos a nosotros mismos de manera humilde y explorar nuestra intimidad, comenzando por la gran paradoja que somos, por nuestra verdad: tan pobres y limitados y tan capaces de grandes cosas al mismo tiempo.

La experiencia de trascendencia

Cuando somos capaces de lo más grande, se debe a que nos dejamos empujar por el bien que nos llega de los otros. El amor del prójimo es el mayor motor de nuestras buenas y nobles acciones, porque nosotros solos no podemos llegar tan lejos, mientras que con el empuje de nuestros seres queridos llegamos donde nos parecía imposible.

A veces sentimos esa capacidad de ir más allá de nuestros propios límites como proveniente de algún sitio desconocido. Sabemos que no somos solo nosotros los que conseguimos algo grande, pero a veces no sabemos explicar bien de dónde viene ese «más» por el que de repente nos vemos empujados.

Y, junto con esta grandeza, se asoman día a día nuestros límites y debilidades, pues ni siquiera en esos momentos de expansión de nuestro ser somos capaces de trascenderlos completamente. Nos sabemos necesitados y limitados, y eso es parte de nuestra verdad, como vimos en el capítulo anterior.

La experiencia de trascendencia es, precisamente, la convicción íntima de que no todo acaba aquí y ahora, de que hay algo «más» que se hace presente en nosotros, en nuestra vida, en la gente que nos rodea, llevando todo más allá y apuntando a un horizonte mucho mayor que aquel al que pensábamos que éramos capaces de llegar. Ese «más» se asoma en nuestra vida en esos momentos de expansión, cuando lo experimentamos como una fuerza que nos supera, pero también en los momentos de necesidad, cuando lo experimentamos como un anhelo.

Para abrirnos a esta experiencia es necesario ser humildes, reconocer que no somos el principio ni el fin de nuestra existencia y que es posible que haya alguien más sosteniéndonos y llamándonos a un destino grande, más grande de lo que a veces soñamos nosotros, atrapados como estamos en sueños pequeños por nuestras inseguridades y nuestros miedos.

En ocasiones, aun siendo «bastante» humildes –del todo es difícil serlo; siempre se puede crecer en ello–, no tenemos una experiencia de trascendencia o nos cuesta tenerla por diversos motivos: experiencias de nuestra vida que nos han influido mucho, cuestiones intelectuales que no acabamos de ver claras, convicciones que cuesta cambiar... Esto no es así solo por cómo estemos nosotros, sino también por el carácter propio de la experiencia de Dios, quien siempre se nos da humilde y delicadamente.

La presencia humilde de Dios en nuestra vida

Si nosotros estamos llamados a ser humildes para realizarnos en el amor, es porque venimos del amor y al amor vamos. Ese amor es Dios, el humilde por excelencia. Por eso respeta nuestra libertad y no se nos muestra de forma arrolladora, sino siempre dejándonos la opción de no creer en él. El amor no es verdadero si se impone y coarta la libertad. Y precisamente por eso la presencia de Dios en nuestra vida es tan delicada que a veces no sabemos reconocerla.

Eso no quiere decir que Dios no esté. La humildad no se reduce a *delicadeza,* también es *verdad*. Esta es otra de las grandes paradojas: que Dios se nos dé totalmente como él es, es decir, en su plena verdad, y a la vez de forma tan delicada que podamos incluso creer que no está ahí. Pero, si creemos, podemos descubrir la forma que tiene de comunicarse con nosotros y, al hacerlo, comenzar a entendernos mejor a nosotros mismos. Decía bellamente el padre sirio Isaac de Nínive:

> Aquel que ha saboreado la verdad no litiga ni siquiera por la verdad. Aquel que se comporta de un modo celoso con los hombres a causa de la verdad todavía no ha aprendido la verdad tal como ella es. Cuando de hecho aprende realmente la verdad, desiste incluso de tener celo por ella[5].

Así es Dios en nuestra vida, tan delicado que no se impondrá a nuestra libertad, ni siquiera aunque estemos

---

[5] Isaac de Nínive, *El don de la humildad*. Salamanca, Sígueme, 2007, p. 91.

equivocados y haciéndonos daño a nosotros mismos. Siempre querrá sanarnos, y para ello buscará atraernos, pero humildemente. Y, al mismo tiempo, no renunciará a la verdad, aunque no la impondrá por la fuerza.

Idolatría

A veces tenemos un cierto rechazo hacia la idea de Dios precisamente porque es *nuestra* idea y no la verdad sobre él. No nos resulta nada atractiva la idea de un Dios controlador, castigador o limitador de nuestra libertad; tampoco de un Dios totalmente despreocupado de nosotros que se dedica a pasar el rato mientras nosotros sufrimos. La pregunta que debemos hacernos es si nuestra idea responde a la realidad o son proyecciones que hacemos nosotros desde nuestros miedos, inseguridades o heridas.

También puede suceder que nos fabriquemos una idea de Dios a nuestra medida porque nos sea más cómodo, tanto porque no nos implique mucho existencialmente como por poder echarle la culpa de todo. Sea como sea, poner en el centro nuestra idea y no buscar con sinceridad la realidad de Dios es, en muchos casos, falta de humildad (en otros, como decíamos, se debe a condicionantes de nuestra vida, de los que no siempre somos del todo responsables, pero que podemos trabajar personalmente y con ayuda de otros).

A esto se refiere la Biblia cuando habla de «idolatría»: construirnos un Dios a nuestra medida en lugar de buscar al verdadero Dios o, mucho más grave, querer forzar al verdadero Dios a entrar por nuestros esquemas mentales y vitales (dos movimientos que, en el fondo, acaban por encontrarse).

Puesto que la humildad ama la verdad, solo a través de ella podemos emprender una búsqueda sincera de Dios, sabiendo que, aunque seamos humildes, Dios siempre está más allá de lo que podemos entender y controlar, y por eso a veces es difícil reconocerlo y purificar nuestras ideas sobre él.

Hechos para el encuentro con Dios

¿Por qué hablar de Dios si comenzamos preguntándonos por nuestro ser? Ya hemos apuntado a ello: porque él es esa respuesta que nuestro corazón desea. Dicho al revés: deseamos a Dios porque hemos sido hechos por él con un deseo infinito de amor y con capacidad de amar; deseo y amor que él colma.

Abrirse a esta verdad no requiere de nosotros abandonar nuestro ser, sino todo lo contrario: Dios siempre potencia lo mejor que hay en nosotros y nos ayuda a purificar nuestro interior para ser fieles a nosotros mismos. Es decir, el camino que Dios nos propone es el de la autenticidad y la humildad, y no solo nos indica el camino, sino que además su Espíritu nos ayuda a recorrerlo habitando en nosotros y convirtiendo nuestro corazón al bien.

¿Cómo saber que Dios es así y que no se trata de otra idea más sobre él? Porque en esta propuesta de la humildad como camino hacia el amor coinciden tanto la revelación del Dios cristiano como el deseo de nuestro corazón. Como señalábamos, profundizar en nuestro deseo de trascendencia nos puede ayudar a entendernos a nosotros mismos porque forma parte de nuestra más íntima verdad. Si nosotros somos la pregunta... Dios es la respuesta; y si existimos como pregunta es porque él nos pronunció en voz alta, dándonos así el ser.

El secreto del cristianismo es, precisamente, la importancia que el mismo Dios da a nuestro *encuentro* con él. Lo que Dios nos ha contado sobre sí mismo y sobre nosotros responde realmente a lo que anhelamos en nuestro interior, porque *estamos hechos para ello,* para ese encuentro, para esa relación de libertad con Dios.

En todo encuentro hay siempre dos partes que se ponen en relación. En el encuentro con Dios debemos reconocer que él siempre nos supera y nos precede; pero, desde el cristianismo, los seres humanos no podemos obviar nuestra propia importancia, porque Dios nos ha querido así, libres, autónomos y capaces de preguntarnos por nuestra vida y su sentido (incluso al margen de él). Él mismo nos ha concedido un papel relevante de cara a ese encuentro que nosotros no podemos negar, aunque siempre sabiendo que él es Dios y nosotros no.

Habrá quien replique, con toda la razón, que de la manera como lo hemos explicado queda todo un tanto abstracto. La gran aportación del cristianismo es, precisamente, que este encuentro entre Dios y nosotros se ha concretado totalmente en nuestra historia, mostrándonos en nuestra propia vida cómo es él, cómo somos nosotros y cómo estamos llamados a relacionarnos con él. Esta comunión perfecta entre lo divino y lo humano no es otra que la persona de Jesucristo. Y por eso no podemos hablar de Dios «en cristiano» sin hablar de Jesús.

La humildad de Jesús

Jesús fue un hombre, de eso no tenemos duda. Murió en el siglo I de nuestra era, crucificado por los romanos, alentados a su vez por las autoridades judías. Vivió su vida en constante servicio al prójimo y en obediencia a Dios, su Padre, a quien oraba continuamente. Sobre su vida nos han llegado varios escritos de quienes creyeron en él y lo siguieron, que nos permiten asomarnos a su persona, a su forma de ser: los escritos del Nuevo Testamento, especialmente los evangelios.

Fijándonos en los textos de los evangelios se puede decir que Jesús fue el hombre humilde por excelencia. No pretendía ser ni más ni menos que quien él era, por lo que vivía en verdad. Y esa verdad le dotaba de una especial autoridad: era consciente de la misión que el Padre le había encomendado y de su especial relación con él, y no lo negaba, sino que lo hacía patente con su vida y enseñanza: «Mi Padre me ha entregado todo, y nadie conoce al Hijo sino el Padre; ni al Padre le conoce nadie, sino el Hijo y aquel a quien el Hijo se lo quiera revelar» (Mt 11,27).

Con todo, esa misión «especial» nunca le llevaba a considerar inferior a su prójimo. Al revés: le impulsaba a mezclarse con los demás; a agacharse y lavarles los pies; a servir en medio de ellos como uno de tantos. En suma, fue humilde, porque, siendo en verdad él mismo, trataba a los demás con delicadeza, ayudándolos a ser también ellos mismos y liberándolos de aquello que se lo impedía:

> Venid a mí todos los que estáis fatigados y sobrecargados, y yo os proporcionaré descanso. Tomad sobre vosotros mi yugo, y aprended de mí, que soy manso y humilde de corazón; y hallaréis descanso para vuestras almas. Porque mi yugo es suave y mi carga, ligera (Mt 11,28-30).

Esta especial sensibilidad hacia la debilidad ajena le llevaba a responder con dureza a quienes juzgaban a los demás desde una posición de superioridad: «No necesitan médico los que están fuertes, sino los que están mal. Id, pues, a aprender qué significa: "Misericordia quiero, que no sacrificio". Porque no he venido a llamar a justos, sino a pecadores» (Mt 9,12-13).

En el encuentro con Jesús, las personas experimentaban el amor misericordioso y humilde de Dios, que ilumina la verdad sobre cada uno de nosotros –por eso ante él no ocultaban su propio pecado, sino que lo confesaban arrepentidos– a la vez que la acoge con delicadeza para ayudarnos a convertirnos y ser mejores. La experiencia del encuentro con Cristo siempre nos lleva a reconocer quiénes somos al mismo tiempo que a relacionarnos con nuestra pequeñez de manera misericordiosa, sin que ello signifique quedarse atascado en el mal, porque ese reconocimiento y esa acogida son el primer paso para cambiar de vida.

Una humildad que es divina

Pero Jesús no fue solo un hombre. Es más, si las personas encontraban en él el amor perfecto de Dios, acogiéndolos e invitándolos a ser mejores, es porque en él está la divinidad junto a la humanidad, plenamente cada una y en total comunión. Es decir, Cristo es la encarnación perfecta del encuentro entre Dios y nosotros. Por eso muchos creyeron en él como Dios mismo, como el Hijo de Dios, y muchos seguimos creyendo hoy. Si Jesús hubiese sido solamente humano, no podríamos tener una experiencia de encuentro con él en la actualidad, no podríamos haber revivido cada uno de nosotros lo que les sucedió a las personas que se cruzaron con él durante su vida terrena, no podríamos reconocerlo como Señor de nuestra vida.

El evangelio es testimonio de la fe de quienes lo escribieron, pero también de cada persona que revive la relación con Dios a través de Cristo. En él estamos reflejados todos; muestra nuestra verdad y la delicadeza de Dios ante ella. Es la mejor invitación al amor a través de la humildad.

Si Jesús fue humilde en vida, podemos decir que en la hora de su pasión llevó su humildad al extremo. De hecho, fue a raíz de su muerte y resurrección cuando sus discípulos comenzaron a plantearse en serio que Jesús era algo más que un hombre. Y gracias a que resucitó podemos encontrarnos hoy con él.

Humildad llevada al extremo

La vida de Cristo impacta y cuestiona por cómo la vivía, con esa humildad honda y sincera. Mucho más lo hace su muerte. Ante todo, porque si en verdad él es

Dios, su muerte parece inconcebible: ¿qué hace el Hijo de Dios muriendo en la cruz injustamente? ¿Qué sentido tiene que quien es todopoderoso se deje matar?

La cruz de Jesús es la consecuencia de la humildad de su amor. El Dios que en él se nos muestra es humilde hasta el extremo, hasta entregar la vida por aquellos que no han querido acogerlo: «Vino a los suyos, pero los suyos no lo recibieron» (Jn 1,11). Este Dios no arremete violentamente contra el ser humano, no le impone su voluntad, no pervierte su libertad; ni siquiera cuando la humanidad quiere «quitárselo de en medio» utilizando las tretas más injustas.

Es un Dios que ofrece su camino de amor y salvación, respetando en todo momento la decisión libre del ser humano, de cada uno de nosotros. Y si Dios se nos muestra así es que él *es* así. Un Dios que se deja matar por la extrema humildad de su amor lo hace porque él *es en sí mismo* ese amor humilde hasta el extremo. Dios se nos da y se nos muestra como él es.

La Trinidad: comunión humilde

En la vida, muerte y resurrección de Jesús, Dios se ha revelado como un Dios uno y trino, Padre, Hijo y Espíritu Santo. Esto quiere decir que Dios no es un ser solitario que creó el universo para tener compañía. Dios es, eternamente, una comunión de Personas distintas, que forman una unidad perfecta porque se aman de forma perfecta.

Ese amor perfecto es posible por una humildad perfecta: porque cada Persona divina se ofrece y se entrega a las otras con delicadeza, posibilitando también que ellas sean quienes son. Por eso el Padre nunca violenta al Hijo, aunque el Hijo siempre elija obedecer al Padre, ni ninguno de los dos violenta al Espíritu, sino que este es la perfecta comunión de ambos.

Dios es perfecto amor, porque en él la diversidad no está reñida con la perfecta comunión debido a que es totalmente humilde. Desde esta comunión de amor, Dios nos creó a los seres humanos para llamarnos a vivir de la misma manera, siendo capaces de vivir en armonía unos con otros, a pesar de ser diferentes. Como vimos al hablar del destino de nuestra vida, vivimos *por* el amor de Dios y vivimos *para* entrar en comunión con Dios y los demás. Es como si Dios nos dijera las palabras del poeta:

> Para esto vine al mundo, y a esperarte;
> para vivir por ti, como tú vives
> por mí, aunque no lo sepas,
> por este amor tan hondo que te tengo[6].

---

[6] L. Cernuda, «Sombra de mí» (fragmento), en id., *Antología*. Madrid, Cátedra, [14]2007, p. 300.

El sentido de nuestro ser es el amor, porque venimos de Dios, que es eternamente un amor compartido por tres Personas. Dios nos invita, por tanto, a ser como él, a vivir como él. No es *un* ser encerrado en sí mismo que nos imponga un modo de vida, sino *el* Ser, que está abierto al otro, que está en constante entrega. Viviendo plenamente esa apertura y esa entrega nos invita a realizarnos de la misma forma: saliendo de nosotros, de nuestro egoísmo.

Perder y ganar la vida

Entonces, ¿por qué murió Jesús en la cruz? Porque Dios es amor perfecto, y el amor es humilde por naturaleza. Por eso no vence al mal con la fuerza del mal, sino con la fuerza mucho mayor del bien. Y esa fuerza pasa por el perdón y la misericordia, aunque siempre con la verdad por delante. Lo que la muerte y resurrección de Jesús significan es que el amor de Dios se entrega hasta el extremo sin violentarnos (muerte) y que al mismo tiempo es invencible y supera todo, hasta el mal y la muerte (resurrección).

Pero también significan que ese designio divino de amor no se realiza como nosotros creemos o queremos a veces. No nos ahorra el sufrimiento y requiere una entrega total, un desprendimiento total de sí. El Dios de Jesús nos enseña que nuestra existencia es –o, más bien, nos parece– una paradoja: para «recuperar» nuestra vida tenemos que «perderla». Entre comillas, porque entregar no es perder, aunque así lo vemos nosotros muchas veces, debido a nuestros miedos e inseguridades.

En Jesús vemos que para lograr llenar nuestro deseo de plenitud solo podemos hacerlo sin ponernos en el centro, saliendo de nosotros mismos y no buscando en primer lugar nuestro bienestar. Puede impactarnos que solo logremos la felicidad cuando no la buscamos por sí misma, pero así es, porque solo el amor nos hace felices, y la lógica del amor no es la del interés propio.

El camino que Dios nos ofrece para realizarnos plenamente como personas es el camino del amor, que solo es posible transitar siendo humildes, como Jesús lo fue: honestos con nuestra verdad –con lo bueno y lo malo de ella– y misericordiosos y serviciales con el prójimo. Pero ser humilde requiere coraje: ser capaz de mirarte a ti mismo en verdad y de tratar al prójimo con misericordia. Exige constantemente recordarte quién eres y resituarte ante los otros, evitando relacionarte con ellos desde la dinámica del mal.

En esto consisten las bienaventuranzas que predicó Jesús (Mt 5): que encontramos la felicidad cuando nos confiamos totalmente a Dios, porque entonces todo lo que nos pase –tanto bueno como malo– tendrá sentido desde el amor y no morirá, sino que encontrará su fruto en la eternidad. Bienaventurado, feliz, quien elige a Dios, porque lo tendrá, aunque sufra en algunos momentos por su causa.

Humildad para vencer el miedo

Sin embargo, no siempre somos capaces de confiar. Nos aterran la soledad y la infelicidad. Deseamos estar bien a toda costa, y eso a veces nos lleva a pervertir lo que de verdad somos. Creemos que para cumplir nuestros deseos más profundos necesitamos afirmarnos, ponernos en el centro. La soberbia hace su entrada en nuestra vida y nos lleva al pecado, que no es otra cosa que la separación de los demás, de Dios y de nosotros mismos. En suma, nos lleva a la soledad. El miedo nos hace cometer atrocidades –como crucificar a un inocente, y en él al Hijo de Dios–, creyendo que así vamos a ganar algo, cuando, en realidad, lo perdemos todo.

Deseamos un infinito que intentamos llenar con cosas finitas, y fracasamos. Deseamos una felicidad que intentamos colmar siendo el centro de nuestras vidas y recibiendo alabanzas de todo el mundo, y fracasamos. Deseamos tener el favor de los demás a través de las apariencias, de una imagen estudiada y llamativa que no responde a toda nuestra verdad, y fracasamos, porque, cuando transitamos esa vía, llegamos a la finitud de la vida y de las cosas, a una felicidad penúltima que es más bienestar que verdadera felicidad y a una «compañía» de la gente que no es verdadera comunión y, por tanto, nos deja existencialmente solos.

El Dios de Jesús es quien puede llenar ese vacío que nosotros solos no podemos. Pero, para que él nos llene –sobre todo a través de las demás personas–, nosotros tenemos que reconocer que necesitamos ser llenados y dejarnos llenar. Es decir, acoger el don es nuestra tarea. Dios se relaciona con nosotros de forma humilde, porque, siendo en todo momento quien él es, nunca se nos impone por la fuerza. Por eso abrirnos a él es una elección de nuestra libertad.

Dejarnos hacer por Dios

La manera de aceptar el don de Dios es siendo humildes como Dios lo es, pero salvando las distancias entre nuestra humildad y la suya: él es el bien perfecto y por eso su verdad no incluye límites ni mal; su verdad es su amor total por nosotros. Ese amor es absolutamente delicado, respetuoso de nuestra libertad y misericordioso con nosotros, a pesar del mal que cometemos. Por eso Dios es el humilde por excelencia.

Al reconocer nuestra verdad, nosotros no solo vemos lo bueno que hay en nosotros mismos –aunque eso también debemos reconocerlo–, sino igualmente nuestros límites. Esto es así porque no somos ni podemos ser Dios. No somos infinitos –de lo contrario seríamos Dios–, no amamos de forma perfecta, y debemos reconocer que necesitamos a Dios para que purifique nuestro amor.

De ahí la importancia de asumir nuestros límites, que pueden convertirse en un buen lugar para reconocer la presencia de Dios en nuestra vida, al darnos cuenta de que no lo podemos todo y de que no podemos darnos la felicidad a nosotros mismos. Somos seres hechos para cumplir nuestro destino fuera de nosotros. Paradójicamente, salir de nosotros es lo que nos hace encontrar nuestra propia identidad y ser auténticos, es decir: recuperarnos. De esta forma lo expresaba Maurice Blondel en un texto precioso:

> Al parecer, queríamos hacerlo todo desde nosotros mismos; pero he aquí que, a través de este propósito, nos vemos obligados a reconocer que no hacemos nada, y que solo Dios, al actuar en nosotros, nos permite ser y hacer lo que queremos. Por tanto, cuando queremos plenamente, es a él, es su voluntad lo que queremos realmente. Le pedimos que sea, que sostenga, que complete, que retome desde la base todas nuestras operaciones. Solo nos pertenecemos para requerirle y entregarnos a él. Nuestra verdadera voluntad es no tener otra que la suya; y el triunfo de nuestra independencia está en nuestra sumisión. [...] Lo que debemos conseguir es que nuestra voluntad se regule en función de la suya, y no a la inversa. Y cuando reconocemos, por medio de esta libre sustitu-

ción, que él lo hace todo en nosotros, pero por nosotros y con nosotros, entonces nos concede haberlo hecho todo[7].

Es la paradoja que mencionamos antes: cuando nos dejamos completamente en las manos de Dios, nos recuperamos totalmente a nosotros mismos, con más verdad y más amor. Abrirnos a Dios nunca tiene como objetivo dejar de ser quienes somos, sino que es el contacto con él lo que nos purifica de nuestros miedos para ser auténticamente quienes estamos llamados a ser y lo que, además, nos hace capaces de lo más grande:

> El humilde, arrancado de sí mismo, tiene el campo libre para todo lo que es grande, demasiado grande para él. Lo que es demasiado grande para el hombre, Dios solo puede esperarlo de los humildes, pues solo ellos se apoyan únicamente en sus fuerzas[8].

Tanto nuestros límites como nuestras posibilidades nos permiten abrirnos a Dios. Los límites, como acabamos de ver, porque nos muestran el carácter necesitado de nuestra existencia. Las posibilidades, como antes apuntamos, porque nos permiten entrever que

---

[7] M. BLONDEL, *La acción*. Madrid, La Editorial Católica, 1996, p. 475.
[8] J.-L. CHRÉTIEN, *La mirada del amor*. Salamanca, Sígueme, 2005, p. 43.

en nosotros puede llegar a haber una fuerza que nos trasciende a nosotros mismos y que al mismo tiempo nos enseña a ser auténticamente nosotros.

Dios nos acoge tal y como somos, reconociéndonos como seres autónomos y respetando nuestra libertad, pero también sabiendo que nos equivocamos y somos limitados, y que por ello necesitamos perdón y salvación. En él, la verdad y la misericordia van de la mano. Por eso, cuando somos capaces de confrontarnos con él, nunca nos oculta el mal que hacemos, aunque siempre lo acoge con amor perdonador. Siempre está dispuesto a acogernos y a llenar nuestro deseo, pero nunca lo hará contra nosotros. Nuestra tarea es acoger su don.

Abiertos a la esperanza

La muerte y la resurrección de Jesús no solo nos ponen ante el camino de humildad que Dios nos ofrece, sino que también son el fundamento de nuestra esperanza. Pues, cuando somos la víctima que sufre las consecuencias del mal ajeno o cuando lamentamos el mal que sufren otros inocentes, la resurrección nos asegura que el mal no tendrá la última palabra, que no debemos desesperar, que el camino del amor humilde es lo que no pasará, aunque en el momento presente estemos sufriendo por ser fieles a él. El Espíritu de Dios nos sostiene cuando sufrimos, nos alienta y da fuerzas para seguir caminando.

Jesús dio sentido a nuestro sufrimiento al enseñarnos que todo es pleno desde el amor, y que el amor es lo único que triunfará. Si no fuera así, el camino de la humildad sería mucho más costoso; se diluiría en la nada y sería mucho más fácil que acabáramos abandonándolo.

Consecuencias vitales

Esta forma de entender a Dios y de entendernos a nosotros mismos tiene muchas consecuencias en nuestra vida. Si aceptamos la invitación a vivir humildemente, debemos dejar que toda nuestra existencia sea interrogada e iluminada desde esta intuición. De esta manera se abrirán caminos de plenitud, pero también veremos las miserias con las que aún cargamos a los demás y nos cargamos a nosotros mismos. La humildad nos exige estar dispuestos a no ser el centro de la propia existencia, estar abiertos a lo que viene de fuera y, sobre todo, implica asomarnos a nuestra verdad desnuda.

Lo verdaderamente central son las consecuencias vitales de vivir desde la humildad. De nada sirve sentirse atraído por Dios, experimentar un deseo de trascendencia, entender que nuestra felicidad pasa por el amor a los demás... si eso no se concreta en nuestra vida. Por eso la conversión del corazón a la humildad, aunque es espiritual, es también moral y vital; se debe hacer carne en nuestra existencia cotidiana.

Las personas somos una pregunta que Dios contesta en Jesucristo, en el que se encuentran plenamente la humanidad y la divinidad. Y él, tanto en su vida como en su muerte, nos muestra como camino de plenitud la apertura humilde a Dios y a los demás. La humildad posibilita el amor, que triunfará sobre el mal y la muerte, como muestra su resurrección.

Igual que la relación de Jesús con Dios Padre le hacía comportarse de una forma muy determinada con aquellos con quienes se encontraba, nosotros también estamos llamados a que nuestra vida traduzca el amor de Dios del que vivimos. La humildad nos abre a Dios y purifica nuestra forma de ser para llevarnos a una relación más plena con el prójimo. Eso lo veremos ahora, partiendo de nuestra pregunta por el bien.

4

Deseosos del bien

Al desear a Dios, lo que deseamos es el amor sin límites, el bien perfecto que él es. Pero el bien no nos atrae de forma abstracta. El bien es una llamada a que lo realicemos nosotros en nuestra vida, porque, de lo contrario, de nada nos sirve sentirnos atraídos por él ni desearlo hondamente.

Esta es otra de las intuiciones del camino cristiano: que, si Dios cuenta con nosotros para hacernos felices, eso implica que lo que nosotros hagamos con nuestra libertad es totalmente relevante para nuestra vida, nuestra plenitud y nuestro destino. Dios nos ofrece todo y acoge todo, pero nosotros somos los que caminamos. Nadie puede caminar por nosotros ni conducirnos como juguetes teledirigidos. Eso es lo que implica ser realmente libre. Y por eso elegir el mal es siempre una posibilidad, a pesar de estar hechos para el bien.

Dejarnos atraer por Dios supone amar al prójimo

Dios nos atrae hacia sí como horizonte de trascendencia a través de nuestro deseo de plenitud, pero, aunque esa atracción «tira» de nosotros, no es suficiente para llegar a nuestro destino. Tenemos que dejarnos atraer y estar dispuestos a dar pasos.

Esos «pasos» nos llevan inevitablemente a caminar con nuestro prójimo. Dijimos que las personas son el principio y el fin del amor. Por eso el bien tiene que ver con las personas. Nadie puede amar a Dios si no ama a su prójimo, que es lo mismo que decir que nadie puede encaminarse por el camino de la plenitud humana, por el camino de la trascendencia, si no realiza ese camino con las personas que están a su lado.

Amar es conducirse por la dinámica del amor, y la dinámica del amor lleva siempre a acoger a los demás y entregarse por ellos. Si no, no es amor. Por eso un espiritualismo exento de preocupación por los demás, un espiritualismo despreocupado por la moral, no es verdadera espiritualidad, sino espiritualismo vacío. Dice con cierta provocación Murray:

> La única humildad que es realmente nuestra no es la que tratamos de mostrar ante Dios en la oración, sino la que ostentamos entre nosotros y mostramos en nuestra conducta cotidiana; las cosas insignificantes en la vida diaria son las importantes en las pruebas de la eternidad, porque prueban que realmente es el Espíritu que ha tomado posesión de nosotros[9].

---

[9] A. MURRAY, *Humildad: hermosura de la santidad*. Barcelona, Clie, 1980, p. 42.

Bien propio y bien ajeno

Saberse único y ser auténtico no implica ponerse por encima de los demás. La llamada del bien es precisamente vivir nuestra unicidad desde la humildad y la entrega, sabiendo que todas las otras personas también son únicas y especiales. Esa es la gracia de vivir en comunidad, pero también el gran desafío, pues implica un constante descentramiento para no convertirnos en el «ombligo» del mundo y poder relacionarnos adecuadamente con nuestro prójimo.

Además, Dios ha decidido comunicarse y dársenos a través de los seres humanos. Cada persona es limitada, y ella sola no puede agotar el infinito amor de Dios. Por eso necesitamos de los demás, porque cada uno nos aporta algo diferente y totalmente único, que solo él puede aportar.

En el fondo, todos anhelamos el bien, y, por lo general, no solo nuestro propio bien personal, sino también el bien para todos nuestros semejantes (aunque ese deseo a veces se nubla con el miedo, que nos lleva al egoísmo). Decíamos que nos realizamos plenamente fuera de nosotros mismos. Ese «salir de nosotros» nos lleva al encuentro de los demás. Cuando el encuentro es verdadero, deseamos el bien de la otra persona.

Así, podemos distinguir dos impulsos o llamadas que el bien ocasiona en nosotros: por una parte, el anhelo de colmar nuestra existencia, lo que podríamos llamar bien, felicidad, plenitud o logro de la vida. Por otra, el deseo de justicia, es decir, de que el bien llegue como posibilidad a todos por igual, sin que haya personas privadas de poder vivir su vida en plenitud, y que al mismo tiempo tenga en cuenta cómo la libertad de cada uno se ha situado ante él.

Se trata de dos dimensiones íntimamente relacionadas entre sí. Solo que, a veces, las experimentamos como antagónicas. Al desear el bien deseamos al mismo tiempo la misericordia –pues queremos ser felices a pesar de no haber sido siempre buenos– y la justicia –porque no nos es indiferente la desigualdad en oportunidades y en méritos del resto de la humanidad–, y muchas veces creemos que no son compatibles.

Justicia y misericordia

¿Cómo reconciliar ambos aspectos? ¿Cómo puede haber un bien absoluto –Dios– que se nos entregue de manera misericordiosa, pero que al mismo tiempo no haga oídos sordos al clamor de los que sufren en el mundo –y, por consiguiente, no sea indiferente ante el mal cometido por nosotros, los seres humanos–? Dicho de forma más sencilla: ¿es posible que la justicia y la misericordia no sean contradictorias entre sí? Pues, a simple vista, así nos lo parece en muchas ocasiones.

El problema que nos impide ver este tema con claridad es que pretendemos ser jueces últimos de los demás, cuando no podemos serlo, puesto que no somos Dios (y, por tanto, ni conocemos del todo a los demás ni tenemos la capacidad de juzgar sobre la base de dicho conocimiento). Además, solemos entender la justicia como justicia que condena, mientras que la verdadera justicia –la divina– lo que busca es restaurar y salvar a la persona. Por eso está íntimamente unida a la misericordia.

Los seres humanos distinguimos entre una y otra, porque diferenciamos entre el mínimo que debemos exigirnos para no dañar a los otros –justicia– y el máximo al que estamos llamados para vivir como Cristo y ser plenamente humanos –misericordia–, mientras que Dios siempre ama absolutamente, integrando justicia y misericordia en el mismo amor. Su amor toma en serio la libertad del ser humano (justicia) sin que eso atente contra su delicadeza y acogida incondicional (misericordia).

Por eso solo él es la respuesta a la pregunta que nos hacemos por el bien: por el bien propio y el bien ajeno, por la justicia y la misericordia. Y él es quien nos enseña a vivir en comunidad, porque él mismo, como decíamos en el capítulo anterior, es una comunidad perfecta: Padre, Hijo y Espíritu Santo.

Vivir desde el dinamismo del don como tarea

Para vivir de acuerdo con el bien es necesario no dejarse llevar por la tentación. El pecado es precisamente lo que nos separa de todo y nos impide vivir en comunión con nosotros mismos, los demás, el mundo y Dios. Para no llegar a esa separación debemos evitar caer en la tentación y elegir el camino del bien, aunque suela ser más difícil de primeras.

Nos cuesta elegir el bien, pero contamos con la ayuda de Dios. Sin embargo, esa ayuda no nos exime de tener que decidir y elegirlo libremente. A veces creemos que cuando actúa la gracia divina nos quita libertad, pero es justo al revés: lo que hace la gracia –que es el amor de Dios interviniendo en nuestra vida– es liberar nuestra libertad de lo que la ata al mal, para que podamos elegir libremente.

Por eso podemos decir que solo la gracia nos permite llegar a la plenitud, porque no podemos llegar solos, por nuestras propias fuerzas. No obstante, también podemos y debemos decir que la gracia siempre actúa movilizando todas nuestras fuerzas, pues es un don de Dios que también es al mismo tiempo una tarea para nosotros. La tarea es, precisamente, acoger el don y dejarse transformar por él para poder actuar desde él, con la dinámica que le es propia.

Vivir desde el dinamismo del *don como tarea* es vivir humildemente: sabiendo que nuestra verdad como seres humanos es nuestra condición de criaturas necesitadas de la gracia, sabiendo también que esa misma gracia pone en juego toda nuestra libertad y que su dinamismo es el del amor delicado. En este «poner en juego la libertad» entra de lleno nuestra vida moral: la relación con nosotros mismos, con nuestro prójimo, con la creación y con Dios. Y, como decíamos, dejarnos llevar por la dinámica del mal nos lleva a una separación en todos esos ámbitos y, por ello, a la soledad.

Para vivir desde este dinamismo hay que conocerse a sí mismo (verdad) y actuar en consecuencia con los demás (delicadeza). En suma, ser humildes, que implica necesariamente actuar conforme a ello, pues de lo contrario no sería verdadera humildad (obramos de acuerdo con lo que somos... pero también sucede que, según vamos actuando, configuramos de determinada manera quiénes somos). Una vez que uno está dispuesto a ello, ¿cómo saber cuál es el bien y elegirlo?

Libres para discernir

Que Dios cuente con nuestra libertad significa que no solo nos permite elegir o no el bien, sino además decidir cómo elegirlo adecuadamente según las circunstancias. Es decir: Dios nos ha hecho con la capacidad de analizar y discernir para tomar verdaderas decisiones sobre el bien que elegimos. Y por eso nos da directrices, intuiciones, incluso obligaciones morales, pero nunca «recetas».

El discernimiento consiste precisamente en poner en diálogo la generalidad de las directrices/intuiciones/obligaciones con cada circunstancia concreta, sobre todo porque casi siempre hay más de un bien en juego y tenemos que priorizar el más importante.

Nuestra libertad humana lleva consigo una verdadera responsabilidad, porque Dios no nos sitúa ante sí como menores de edad, sino que nos da una verdadera autonomía (humildad divina), aunque para ser plenamente humanos debamos reconocernos dependientes de él (humildad humana).

El bien no se da en abstracto, sino encarnado en valores que encontramos en nuestra vida diaria. Discernimos qué valores reconocemos como tales, es decir, como algo digno de proteger y salvaguardar, mediante nuestra conciencia. En ella actúan tanto la gracia de Dios como nuestra libertad: Dios la ilumina, pero nosotros tenemos que formarla y aplicarla a las situaciones.

«Ser» y «actuar» en retroalimentación

Una vez aplicada nuestra conciencia para decidir qué es lo mejor que podemos hacer, tenemos que hacerlo, es decir, elegirlo en acción y no solo en teoría. A veces no queremos buscar el bien porque somos egoístas, pero otras veces nos ocurre que, aunque hemos visto qué es lo que debemos hacer, nos puede la pereza o el miedo de llevarlo a cabo. Cuanto más somos capaces de vencer estos obstáculos y elegir constantemente el bien, más natural nos sale, de manera que el valor se va transformando en virtud, algo más espontáneo porque ha pasado a formar parte de nuestra forma de ser.

Y cuando repetidamente elegimos lo que no está bien, nos vamos apartando del camino que Dios nos ha propuesto, lo que afecta también a nuestra voluntad, que cada vez es más débil, y a nuestra capacidad de discernimiento: nuestra conciencia se va estropeando y cada vez nos cuesta más distinguir el bien del mal. El mal también puede llegar a formar parte de nuestro ser si actuamos constantemente guiados por él. Al obrar mal muchas veces podemos realmente dañar nuestra conciencia.

Nuestro actuar puede transformar nuestro ser, de igual manera que nuestro ser repercute en nuestro actuar. Es como un círculo en constante retroalimentación. Solo lo que toma forma en nuestros actos, en nuestra vida concreta, puede considerarse como algo que forma parte de nosotros mismos, de nuestro ser. De lo contrario, serán ideas teóricas que tenemos y no realidades que somos. No obstante, también estamos más allá de nuestros actos, no podemos reducir a ellos el misterio de nuestra identidad.

Formar nuestra conciencia

Para que nuestra conciencia haga bien este discernimiento tenemos que educarla y hacerla madurar. Y para ello, entre otras cosas, necesitamos la experiencia y sabiduría de los que nos han precedido. Por eso, seguir el camino del bien no es totalmente individual y no está predeterminado por dónde nos va a llevar. La vida es compleja y cambiante, y ser fieles al bien en ella requiere no solo buena voluntad, sino trabajo personal de discernimiento y humildad para aceptar la ayuda ajena.

Esto se gana con la experiencia, la reflexión y la oración, y es un camino que no termina hasta que estemos plenamente con Dios. Por eso es una vía en la que siempre podemos avanzar y mejorar. Cada nuevo paso trae aprendizajes que nos ayudan a orientarnos y caminar mejor junto a nuestros hermanos. Con el bien pasa como dijimos en el primer capítulo sobre el deseo y el amor: no son algo acabado, sino que siempre vamos creciendo en ello.

La moral cristiana: sencilla y compleja

Sintetizando mucho, podríamos decir que la «ley» moral se resume en esto: «Amarás al Señor, tu Dios, con todo tu corazón, con toda tu alma, con todas tus fuerzas y con toda tu mente; y a tu prójimo como a ti mismo» (Lc 10,27), muy sencillo y extremadamente complejo al mismo tiempo. Sencillo, porque se resume rápido, en una sola idea. Complejo, porque amar de verdad no es cosa fácil.

Todo lo que hemos dicho sobre el discernimiento y la conciencia tiene como objetivo buscar el modo de amar más y mejor. Por eso decimos que es sencillo... pero a la vez muy complicado, porque la vida no suele ser fácil y no siempre es tan claro cuál es el modo de amar más y mejor, especialmente cuando entran en pugna valores distintos, muchas veces todos buenos.

El centro de la moral cristiana es, por tanto, tener unas *relaciones* adecuadas con todo lo que nos rodea para así poder vivir del y para el amor. Retomando lo que veíamos al principio del todo, en el amor no todo es cuestión de atracción y sentimiento, sino que construir estas relaciones buenas y plenas con los demás requiere esfuerzo y perseverancia, es decir, voluntad y decisión.

La propuesta del bien que Dios nos hace es vivir plenamente nuestra vida concreta encaminándola hacia el horizonte de su amor, que es el bien máximo. Por ello, quien no es explícitamente cristiano también puede vivir su vida de forma plena si lo hace desde la humildad y encaminado hacia el amor. Al fin y al cabo, si Dios es amor, acoger su gracia es dejarse transformar por el amor e introducirse en la dinámica que le es propia, y esto también es posible aun cuando uno no sepa dar nombre a la realidad que lo ha permitido. Posible, pero más difícil y, sobre todo, perdiendo la posibilidad de entrar en relación explícita con aquel a quien se anhela sin saberlo.

Cristo, referente de amor pleno

Decíamos que, en Cristo, Dios se nos ha mostrado a sí mismo y también nos ha enseñado cómo ser plenamente humanos. Por eso él es siempre el referente al que podemos acudir cuando no sabemos cómo debemos amar al prójimo. Amar como Cristo es amar todo y a todos con su misma delicadeza misericordiosa y con su misma seriedad: amando en verdad y, por tanto, haciéndose cargo del mal, pero no con la dinámica del propio mal, sino desde el bien, el perdón, la misericordia.

Amar como Cristo es, además, entregar la vida no solo en los momentos extraordinarios, sino en toda la cotidianidad. Porque momentos especiales hay unos pocos, pero la vida cotidiana es casi toda la vida. Jesús mismo vivió la mayor parte de su vida en la oculta rutina.

La importancia de la cotidianidad

Merece la pena detenernos un poco en esto. A veces parece que solo damos importancia a los momentos *especiales:* las vacaciones, por ejemplo, en la organización de nuestro tiempo; en el plano espiritual, las convivencias, los ejercicios espirituales y otras actividades concretas que hacemos en este ámbito; las citas especiales con alguien, en las que hacemos algo diferente o planeamos un viaje a un sitio exótico... y así con todo. La rutina nos evoca lo aburrido, y lo especial, lo que nos hace más felices.

Es cierto que las personas necesitamos hitos *especiales* en nuestra vida, que las vacaciones y el descanso son necesarios y que son bonitos los momentos en que nos salimos de lo habitual y celebramos algo «a lo grande». La trampa está en vivir solamente de esos momentos, como si fueran los únicos y toda nuestra felicidad dependiera de ellos, cuando no es ni puede ser así.

La vida está caracterizada por la cotidianidad y la rutina, que no son algo malo si aprendemos a vivirlo en el horizonte adecuado. Por eso el discernimiento del bien debe ponerse en marcha en cada pequeña cosa que vivimos, para tratar de vivirla a fondo desde el amor, y no solo en los momentos en que tenemos que tomar grandes decisiones, pues así podemos descubrir mucha grandeza en la normalidad de todos los días, en los pequeños detalles. Además, las «grandes» decisiones se toman sobre la base de lo que hemos ido fraguando día a día. Somos quienes somos a diario, de forma continua, no –o no solo– en un momento puntual.

Exigir los mínimos, caminar hacia el máximo

Esta moral, que explicamos como camino de plenitud humana, es una ética de máximos: el máximo al que podemos aspirar como personas es vivir por y para el amor, al prójimo y a Dios. Un «máximo» que debemos intentar contagiar a la sociedad y por el que debemos trabajar con quien también quiere un mundo más justo y más humano, donde todas las personas tengan la posibilidad de desarrollarse plenamente como tales. Es la llamada de Cristo a construir aquí el Reino de Dios, desde lo pequeño, pero aspirando al máximo.

Además de alentar ese «máximo» de solidaridad y bondad en nuestros congéneres, también debemos exigir socialmente los «mínimos» que salvaguarden la dignidad de todas las personas. Es decir, debemos exigir lo que humanamente llamamos «justicia», para desde ahí poder avanzar hacia la misericordia.

Como decíamos al comienzo, se trata de intentar atraer con la fuerza del bien, pero sabiendo que a veces no basta con la atracción, sino que también hay que apelar al discernimiento y la voluntad de hacer lo correcto, aunque no nos atraiga. Esto no quita que hacerlo atractivo para todos es la mejor manera de transformar el corazón de las personas para que también quieran transitar por ese camino de plenitud que nosotros ofrecemos con nuestro testimonio.

Nuevamente volvemos a Cristo como el paradigma de la existencia cristiana. Su vida nos muestra la centralidad de los más necesitados, los pobres, los excluidos, los últimos, a quienes siempre se entregó de una manera especial. Uno no puede transitar el camino del bien en su vida si permanece ciego ante el clamor de todos aquellos que sufren las consecuencias del egoísmo y la indiferencia de los demás... y del egoísmo e indiferencia propios.

Hacia una sociedad humilde

En resumidas cuentas, debemos promover una sociedad a imagen y semejanza del Dios humilde: una comunidad donde cada uno tenga la posibilidad de desarrollarse en plenitud y donde todos se ofrezcan y acojan mutuamente para la edificación comunitaria, preocupados especialmente por las necesidades ajenas.

Una sociedad edificada sobre la humildad es una sociedad que busca la justicia y que alimenta la lógica del don, puesto que justicia y misericordia son, en realidad, inseparables si se las entiende desde la lógica del amor divino. En una sociedad así prima más el bien común que el interés personal, aunque no se anula la individualidad de cada persona como consecuencia de ello.

Es una sociedad donde entre todos se buscan soluciones a los conflictos desde el diálogo y el respeto y nunca desde la violencia. Una sociedad que reconoce un orden moral al que atenerse y que no pretende fabricarlo a su medida. Una sociedad, en suma, que vive en paz, porque la recibe como don de Dios y la hace vida en su quehacer diario. Hacia tal sociedad invita a caminar el Evangelio.

Con «sociedad» nos referimos a los grandes grupos humanos, pero también a los pequeños. Hay que empezar a construir este tipo de relaciones en la familia, el grupo de amigos, la comunidad de vecinos... y, por supuesto, la comunidad cristiana, que debería ser un ejemplo de comunión: «¡Mirad cómo se aman!», decían los paganos de los primeros cristianos.

La moral edificada sobre el amor humilde se preocupa no solo por la vida social, sino también por la vida de cada persona particular. Por eso, quienes queremos vivir así estamos llamados a cuidar *toda* vida humana: la vida naciente y frágil, la vida en su máxima fortaleza, la vida que va alcanzando su fin y palpando su debilidad y su límite... Salir del propio egoísmo e interés para *cuidar* al otro; esa es la vía de la humildad, de Jesús.

Estamos llamados a encarnar lo mejor posible en nuestra conducta cotidiana el amor que recibimos de Dios, o, dicho de otra forma, a nutrirnos de la gracia, de la Vida con mayúscula, para poder vivir desde el amor y la entrega a los demás. Una vida que, así vivida, es fuente de alegría y esperanza, pero también de realismo y preocupación cuando se encuentra con las realidades de injusticia y miseria que sufren tantas personas.

Y es que, como hemos repetido ya varias veces, la vida solo es plena en el amor, y la lógica del amor lleva a la entrega radical de sí (incluso a costa de la propia vida). Esta paradoja se nos esclarece cuando contemplamos la vida, la muerte y la resurrección de Cristo y vemos que la entrega siempre genera más vida, para nosotros y para los demás, pues se alimenta de la esperanza en que el amor de Dios, la Vida con mayúscula, tendrá la última palabra por encima del mal y de la muerte.

Criterios para «aterrizar»

«Muy bien –puede replicarse–, pero ¿cómo "aterrizar" esto en nuestra vida cotidiana?». Cada uno tenemos que hacer nuestro propio «aterrizaje», porque el discernimiento consiste en elegir el bien en cada momento, una elección de cada persona con sus circunstancias concretas. Se trata, en primer lugar, de preguntarnos ante cada decisión *por qué* la tomamos: «¿Me estoy buscando a mí mismo en ella? ¿Busco el bien de los demás? ¿Escucho a mi conciencia o la acallo para hacer lo más fácil y cómodo?».

En segundo lugar, de *ser consecuentes* con lo que creemos honestamente que debemos hacer: «¿Pienso una cosa y hago otra? ¿Me cuesta pasar del "dicho" al "hecho"? ¿Soy coherente con lo que predico e intento transmitir mis motivos a otros?».

En tercer lugar, *revisar* siempre nuestros discernimientos. Dios nos hace libres de buscar y aplicar el bien a las situaciones concretas –siempre con su ayuda, claro–, pero nuestra libertad debe confrontarse constantemente con él para redirigirse hacia el bien; pues, como hemos visto, nuestro mal uso de ella puede ir dirigiéndola cada vez más hacia el mal y perturbar nuestra capacidad de distinguirlo del bien.

En la vida espiritual y moral –que en realidad son la misma, vista desde distintas dimensiones o perspectivas–, detenerse es retroceder. La humildad nos hace ver que nunca estamos acabados del todo, que siempre tenemos que progresar, y para ello revisarnos. Por ello, una cuarta directriz sería preocuparnos por *formar* nuestra conciencia para elegir cada vez mejor y crecer en libertad verdadera (que es la que elige el bien).

Y, como base de todo, cuidar la relación con Dios, quien sana nuestras motivaciones y con ello mejora nuestras acciones. Para ello es necesario cultivar la interioridad, el silencio y la oración para escuchar su Palabra. Además, la oración puede y debe ser activa, es decir, conectada con nuestra vida. Todo lo que dijimos sobre nuestro deseo de Dios y su amor hacia nosotros debe estar en constante diálogo con lo que vivimos a diario para que se haga real en nosotros y, a su vez, para que la realidad de lo que somos sea purificada por el amor de Dios.

Se trata de iluminar nuestra cotidianidad desde el Evangelio, y para eso es central acudir a la Biblia, como el testimonio privilegiado del camino y el horizonte que hemos elegido... no como el «recetario» de normas sobre lo que tenemos que hacer, pues, en la mayoría de los casos, no lo encontraremos tal cual. La Biblia no nos ahorra el discernimiento, pero sí nos muestra las actitudes que no construyen el Reino de Dios, que no responden a lo que Jesús predicó y demostró con su vida y que, por tanto, nos apartan del bien. Ella nos ayuda a entrar en contacto con el Dios uno y trino, que debe ser siempre luz para nuestro actuar.

En este capítulo hemos visto la importancia de concretar el dinamismo de la fe o confianza en Dios en nuestro quehacer diario, pues él cuenta con nuestra libertad y responsabilidad para elegir el bien. La apertura orante al Señor es la base para el crecimiento de la libertad hacia el amor, pero eso no nos exime del esfuerzo de discernimiento y de la voluntad a la hora de ser consecuentes con lo elegido.

Ahora nos aproximaremos a nuestra búsqueda de la verdad, que debe ir muy pareja a la búsqueda del bien. La humildad –verdad y delicadeza– permite aunar ambas búsquedas e integrarlas desde el dinamismo propio del amor divino.

5

Preguntando por la verdad

Además de preguntarnos por nuestro *ser* y por el *bien*, los seres humanos buscamos la *verdad*. Como con todo en esta vida, es una búsqueda no exenta de paradojas. Por una parte, cada vez somos más curiosos –y hasta podría decirse «cotillas»– y queremos enterarnos de todo, especialmente de los detalles más morbosos y escabrosos de las vidas de los demás. La prensa sensacionalista se aprovecha bastante de ello.

Por otra parte, hay ciertas verdades en las que no nos interesa profundizar, especialmente cuando nos interpelan y nos hacen dudar de que estemos viviendo como deberíamos. El fenómeno de la «posverdad»[10], que parece que estamos asumiendo como algo casi natural, también atenta contra nuestra búsqueda sincera de la verdad y nos puede conducir al escepticismo o la indiferencia hacia esta cuestión.

---

[10] Palabra ya incluida por la RAE en la versión *online* del *Diccionario*, donde aparece definida como «distorsión deliberada de una realidad, que manipula creencias y emociones con el fin de influir en la opinión pública y en actitudes sociales».

¿Queremos o no queremos la verdad?

Ocurre como comentábamos antes respecto a las apariencias y la autenticidad: tenemos un deseo sincero por conocer la verdad, pero también queremos estar «bien» nosotros –cómodos, tranquilos, sin excesivas culpas–, y el miedo a no estarlo nos puede llevar a no querer ver ciertas «partes» de la verdad.

Además, solemos ser exigentes con la honestidad ajena, pero nos cuesta mucho la honestidad propia. Vemos la paja en el ojo del otro y no queremos reconocer la viga que hay en el nuestro. Esto puede deberse a lo mismo que decíamos: queremos honestidad, queremos verdad, queremos que las cosas sean como deben ser, pero nuestros miedos e impulsos egoístas nos llevan a traicionar esos principios cuando vemos amenazado nuestro bienestar.

Aunque se trate de una búsqueda un tanto interesada de la verdad, no deja de ser una búsqueda, al fin y al cabo. Muchas veces vivimos de mentiras de las que intentamos autoconvencernos, pero lo hacemos porque tenemos miedo de afrontar la verdad, no porque no queramos la verdad en sí misma. En el fondo, lo que querríamos es conocer la verdad sobre nosotros mismos y el mundo, y que, al mismo tiempo, esa verdad no nos hiciera daño. Como en ocasiones son dos deseos difíciles de reconciliar, creemos que hay que renunciar a uno de ellos. Actualmente suele salir perdiendo el primero y, en consecuencia, también queda afectado el segundo, puesto que la mentira sobre quiénes somos no puede llevarnos a buen puerto.

Verdad y humildad

Dijimos que la verdad es parte constitutiva de la humildad y que la humildad es exigente. La búsqueda de la verdad también lo es, pues no se trata solo de una cuestión intelectual, sino que es principalmente vital. Ser consciente de una verdad lleva, o debería llevar, a implicarse con ella, y más aún si se trata de *nuestra* verdad como personas.

Igual que cuando buscamos el bien buscamos a Dios –incluso cuando no somos conscientes de ello–, cuando nos preguntamos por la verdad última de nosotros mismos y del universo nos estamos preguntando por él. Y sucede lo mismo en ambos casos: la verdad, como el bien –porque, al fin y al cabo, ambos conceptos son predicados de Dios–, se ofrece humildemente, con la delicadeza propia del amor.

Aunque estemos hechos para entrar en relación con él, Dios nunca se impone, tampoco como verdad, sino que nos ilumina con su luz para atraernos hacia sí, respetando siempre nuestra libertad. Por eso dice san Juan que la Palabra –la Verdad– «vino a los suyos, pero los suyos no la recibieron. Sin embargo, a todos los que

la recibieron les dio poder de hacerse hijos de Dios»
(Jn 1,11-12).

Experiencias de revelación

La verdad divina, su Palabra eterna, viene a todos por igual; unos la acogen y otros no. Y esto se debe a que es una Palabra humilde por naturaleza. Ella habita la creación con una presencia ausente, una sonoridad callada, una invitación abierta que mantiene cierta ambigüedad para no forzar nuestra libertad. Al mismo tiempo se trata de una presencia que lo llena todo, convirtiéndolo en signo, habitáculo, sacramento suyo, para ser descubierta por los ojos que sepan mirar.

Hay momentos en que, de repente, miramos de otro modo las cosas y nos percatamos de que hemos aprendido a mirar; que hemos descubierto algo nuevo en lo que siempre habíamos mirado sin verlo. Son momentos de revelación, de acceso a la verdad. Sentimos como si se hubiera descorrido un velo y pudiéramos ver algo que siempre había estado ahí, pero que no veíamos. A veces ese «descorrer el velo» es algo automático, concreto, algo que irrumpe en un momento; otras es fruto de un proceso más largo de meditación y maduración personal. En todo caso, esa revelación siempre puede ser rechazada por nuestra libertad; acogerla es una opción libre, pues siempre cabe la opción contraria (incluso cuando se trata de una fuerte irrupción podemos darle otro significado o cerrarnos a ella).

Jesucristo es la Verdad

Decíamos que no se puede hablar de Dios «en cristiano» sin hablar de Jesucristo. Menos aún hablar de «verdad». Jesús es la Palabra que Dios nos ha dicho sobre quién es él, quiénes somos nosotros y cuál es el modo más pleno de relacionarnos con él y con los demás. Por eso Jesús, el Cristo, es la Verdad con mayúscula: en él encontramos la verdad sobre nosotros mismos, sobre quiénes somos y quiénes estamos llamados a ser.

Jesús dijo de sí mismo que él es «el Camino, la Verdad y la Vida», y que nadie puede ir a Dios Padre si no es por él (Jn 14,6). Él es el camino para ser plenamente humanos, la verdad que da sentido a nuestra vida y la vida nueva de la que podemos participar para ser mujeres y hombres nuevos.

Nos puede surgir una pregunta: «Si identificamos la verdad con Cristo, ¿todo lo que no sea él pasa a ser automáticamente mentira?». Es una pregunta legítima, y la respuesta que demos implicará una u otra manera de vivir nuestra fe.

La humildad de Dios nos da una clave para responder. En Cristo, Dios se nos ha dado como él es. Y lo ha hecho de forma delicada y humilde («aprended de mí, que soy manso y humilde de corazón», Mt 11,29). Por eso es una verdad que se ofrece sin imponerse, y ese es precisamente el signo más elocuente de que se trata de la verdad auténtica. Esta humilde presencia de la verdad hace que no siempre la distingamos o que no siempre deseemos distinguirla.

No obstante, si Dios está en la base de todo, en el fundamento de todas las cosas, entonces todo participará un mínimo de su verdad, aunque no sepamos distinguirla. Ya dijeron los teólogos más antiguos que en todo hay semillas del Verbo, de Jesucristo, y, por tanto, que en todo hay algo de verdad. El criterio para saber qué es más conforme con ella es la vida de Cristo, en la que se ha manifestado el sentido de la realidad desde el amor de Dios entregado por nosotros.

En Jesucristo es como mejor ha comunicado Dios su amor a los seres humanos, porque Cristo es Dios mismo hecho hombre. Por eso todo lo que él dijo e hizo es tan relevante para entendernos a nosotros mismos como personas y para conocer la verdad.

La verdad debe personalizarse

Lo anterior no implica que para vivir en verdad haya que vivir exactamente como Jesús vivió. No todos somos varones, ni todos hemos nacido en Palestina hace más de dos mil años, ni todos tenemos una madre llamada María. Cada vida es diferente y totalmente singular. Por eso Jesús vivió una vida singular.

Que su vida sea manifestación de la verdad quiere decir que él encarnó mejor que nadie el amor de Dios por todos los seres humanos. Y es ese amor el que estamos llamados a encarnar cada uno en nuestra vida, con nuestras circunstancias, para ser verdaderamente humanos. Cómo singularizarlo es una pregunta que solo cada persona, con ayuda de Dios, puede responder.

Por eso es posible vivir la misma verdad que compartimos como seres humanos –que estamos hechos por y para el amor, al que solo se llega plenamente mediante la humildad– de muy diversas maneras. Y como es una verdad que Dios quiere que descubramos libremente, las personas ensayamos caminos muy diferentes para llegar a ella; incluso en el nivel religioso.

Entonces, ¿es mentira lo que no esté de acuerdo con Cristo? Clarifica más responder de forma positiva: viviremos de forma más verdaderamente humana cuanto más vivamos como él vivió, aunque singularizando su amor a Dios y al prójimo en nuestra vida concreta. Por consiguiente, viviremos de forma más falsa, más dañina, cuanto más nos alejemos del amor que Cristo vivió.

Transmisión humilde de la Verdad recibida

Si podemos creer en Jesucristo como Verdad suprema de nuestra vida, es porque ha habido quien ha transmitido esa fe, desde sus primeros discípulos hasta nuestros días. Por eso, para el cristiano es tan importante vivir espiritualmente de la Palabra de Dios, la Biblia, donde se transmite esa fe en Jesús como el Hijo de Dios; y leerla siendo fiel a la experiencia y las convicciones de quienes la escribieron.

Esa fidelidad a la Palabra recibida es posible en el seno de una comunidad, la Iglesia, que ha custodiado ese mensaje, esa experiencia de fe, a lo largo de la historia, para que no sea tergiversado por modas o intereses nuestros. No hemos recibido la verdad de forma individual, sino comunitaria. De ahí que el cristianismo no se viva individualmente, sino en comunidad.

Nos puede parecer un tanto «chapucero» que Dios nos «necesite» para transmitir la verdad a todas las personas, pero no es así: nos toma tan en serio que no hace nada para nosotros sin nuestra colaboración. Por eso hasta la Biblia, que hemos reconocido como Palabra de Dios, está escrita en palabras humanas, con la colaboración y verdadera autoría de quienes se decidieron a escribir lo que el Espíritu les había inspirado.

La gracia –el amor de Dios actuando en nosotros– no anula nuestra libertad, sino que la hace más libre y más plena. Lo mismo sucede con la inspiración: no anula nuestra creatividad ni nuestra capacidad, sino que las potencia. Para actuar a través de nosotros, Dios no nos anula, sino que potencia lo que somos y tenemos. Nos hace ser verdaderamente auténticos.

Y esto se cumple con todo lo que Dios hace en nuestra vida, porque es su forma humilde de actuar, que también requiere humildad por nuestra parte: reconocer que lo necesitamos y dejarnos hacer por él, para que él nos devuelva plenamente a nosotros mismos.

Esta humildad de Dios con nosotros se ve en la vida de cada persona, pero también en la propia transmisión de su mensaje de vida y esperanza en la Biblia; en la forma comunitaria de vivir ese mensaje, la Iglesia; en la interpretación que vamos haciendo de ese mensaje, la Tradición (la «cadena» de transmisión del mensaje en fidelidad creativa a lo recibido). En todo ello Dios está presente, pero somos nosotros los que vamos caminando desde la verdad que él nos ha revelado hacia una comprensión mayor de ella y hacia un compromiso más radical con ella.

Esto nos vuelve a recordar, además, la importancia de la comunidad. Cada uno es limitado, y por eso nos necesitamos todos para poder caminar con más plenitud hacia el horizonte de esperanza al que Dios nos atrae. La verdad es mucha verdad como para que cada uno pueda verla y vivirla al cien por cien. Necesitamos complementar nuestros puntos de vista, indagar y caminar juntos hacia ella, pues, aunque se nos haya revelado en Jesús, siempre podremos comprenderla mejor; siempre podemos seguir avanzando. Es lo mismo que dijimos a raíz del deseo: hasta que no descansemos en la eternidad de Dios, en nada podemos detenernos. Siempre podemos seguir creciendo.

La importancia de la historia

Esta forma de comunicársenos Dios también nos enseña otra cosa: la importancia que él otorga a la historia. Dios cuenta con nosotros tal y como somos, y somos seres finitos, históricos, concretos; seres de este momento y este lugar, influidos por lo anterior a nosotros y con capacidad de evolucionar y crecer. Por eso es tan importante entender que toda la Palabra de Dios está concebida como *historia* de salvación: como la apertura progresiva de las personas al plan de Dios, que requiere andar el camino, discernir, contar con las equivocaciones que tenemos, encontrar nuevas respuestas que ayudan a seguir ahondando...

Es así como debemos leer la Biblia: no como un libro de verdades intemporales y abstractas. Es el libro de nuestra propia vida a través de la vida de un pueblo que se ha equivocado, que ha avanzado, que ha buscado incesantemente a Dios y que lo ha encontrado cada vez con más profundidad, hasta llegar a la plenitud en

Jesús. En él, en el Cristo, Dios mismo ha venido a compartir plenamente la vida del pueblo.

Y si los creyentes damos tanto valor a este libro, la Biblia, no es porque en ella haya ciertas doctrinas que «debemos» creer, sino porque en ella está el *testimonio* de los que han creído antes que nosotros y nos han transmitido su fe y su vida para que creamos y vivamos nosotros también.

El papel de la Iglesia

Esa transmisión es la Tradición, y ese conjunto de gente que nos la ha transmitido a lo largo de los siglos es la Iglesia. Por eso pertenecer a ella significa fiarse de lo que otros han vivido y transmitido y creer en ello, porque al abrirse a esta Tradición se ha descubierto que esta realmente responde a lo que uno deseaba para su vida.

Además, el hecho de que el cristianismo se viva en comunidad también es fundamental, porque las personas estamos hechas para vivir en comunión con el prójimo. Para poder transmitir eso al mundo, para dar testimonio de ello, hay que vivirlo. Una fe individualista no es camino de realización humana. Una fe vivida en comunidad de manera sana y abierta es siempre testimonio para otros y pregunta para el mundo, porque en ella ve el mundo una posible respuesta al anhelo de plenitud que experimenta: «Como tú, Padre, en mí y yo en ti, que también sean uno en nosotros, para que el mundo crea que tú me has enviado» (Jn 17,21).

Cuando se apuesta por el camino de la fe, no se tiene todo «ya hecho». La tentación, debida a nuestros miedos, acecha durante toda la vida. De ahí la importancia de convertirse constantemente, ponerse ante la propia verdad e intentar cambiar aquellas cosas que se han contaminado con la dinámica del mal. Para ello son necesarios la oración y el trabajo personal, pero también dejarse ayudar por la comunidad. Nos necesitamos unos a otros, también para aprender a ser verdaderamente humildes.

La humildad hace que los creyentes queramos responder a lo que Dios quiere de nosotros en vez de intentar que sea Dios quien responda a lo que nosotros queremos. Y esto no porque Dios no vaya a contar con lo que somos y deseamos, sino porque él es quien de verdad puede ayudarnos a ser plenamente nosotros mismos. Esto cuesta, porque no siempre es fácil fiarse tanto de Dios ni permitir que pueda poner en cuestión los planes que hemos hecho. A veces, su luz descubre miserias ocultas en sueños que nosotros creíamos más «puros» de lo que en realidad son.

El peligro del fundamentalismo

La soberbia acecha también a los creyentes como comunidad. Una de sus formas más peligrosas es la tentación de fundamentalismo: creer que se posee absolutamente la verdad y no tolerar al que se acerca a ella de forma distinta. Aunque la Iglesia ha recibido la verdad de Cristo, la intenta transmitir fielmente y debe velar porque sea salvaguardada y no pervertida –para eso son los dogmas–, ella no domina ni controla perfectamente esa verdad. Siempre debe saber que Dios es más grande que su propia comprensión, y, sobre todo, siempre debe ofrecer esa verdad como el mismo Dios lo hace: humildemente.

El fundamentalismo es una forma de idolatría porque consiste en creer que la propia idea sobre Dios es la verdad absoluta, en vez de reconocer que, aunque se esté «en buen camino» hacia Dios, siempre se está «en camino», y por tanto no podemos ser tan pretenciosos como para pensar que lo sabemos absolutamente todo sobre él.

También es una forma de pecado contra el prójimo, porque consiste en querer imponerle nuestras propias creencias por la fuerza, sin respetar su libertad ni valorar su diferente acceso a la verdad y su diferente forma de ver y vivir la vida. Sobre todo, porque Dios no se relaciona así con ninguno de nosotros, por lo que no tiene mucho sentido que seamos nosotros los que lo hagamos de esta manera con los demás. Cuando la verdad necesita imponerse por la fuerza, entonces no es la verdad plena, sino un sucedáneo de la misma. La verdad última es el amor de Dios, que es humilde por naturaleza.

Por ello, la pregunta que todo creyente –y, en general, toda persona que tenga ideas y creencias que sustentan su vida– debería hacerse es la siguiente: ¿cómo ser creyente de manera humilde? ¿Cómo ofrecer la propia verdad –saberse arraigado en Cristo y salvado por él– sin violentar a los que no piensan como uno (es decir, sin caer en el fundamentalismo)? En suma, se trata de preguntarse cómo estar en el mundo siendo parte de él, pero sin renunciar a lo más propio: la fe en el Dios de Jesucristo, que trasciende el mundo mismo.

Humildad eclesial

La respuesta cristiana a la anterior pregunta se basa en lo que conocemos del propio Dios: para vivir fiel a lo propio y abierto a lo ajeno hay que ser imagen y semejanza de la Trinidad, del Dios amoroso y humilde que vive en verdad, pero cuya verdad es el amor pleno y delicado. La Iglesia, por tanto, está llamada a ser una comunidad encaminada a la vida del Dios humilde, que se relacione humildemente consigo misma y con el mundo que la rodea. Solo desde la humildad y el diálogo puede aspirar a transmitir a los demás la verdad que la sustenta y en la que cree.

Para ser fiel a Dios, la Iglesia debe ser una auténtica *comunión* que no anule la diversidad de las personas que la forman, sino que se vea potenciada por esa diversidad. Una comunión no cerrada en sí misma, sino abierta a Dios y a los demás. Para ello ha de vivir testimoniando con su vida y su ejemplo aquello en lo que cree, *anunciándolo* de manera humilde a todo ser humano; *sirviendo* a toda persona, sea o no cristiana, como el mismo Jesús hizo a lo largo de su vida, y *celebrando* alegremente su fe en Dios en cada momento de su vida, y en especial en la liturgia.

En cada una de estas dimensiones: comunión, testimonio, servicio y celebración, la Iglesia ha de vivirse en comunión con Dios, de quien recibe las fuerzas; entre todos sus miembros, que aspiran a vivir como verdaderos hijos de Dios, y abierta al mundo, colaborando con toda persona que quiera edificar un mundo mejor. Al fin y al cabo, dijimos que la humildad es ofrecer lo que uno es permaneciendo abierto delicadamente a lo que el otro es. Esa delicadeza debe marcar cada acción eclesial, aunque nunca debe suponer renunciar a la verdad.

Consecuencias para la vida

De todo esto se deducen consecuencias para la vida de cada uno, sea o no sea creyente. En primer lugar, una espiritualidad plenificadora de la persona siempre debe llevar a la comunión con sus semejantes.

En segundo lugar, para relacionarnos con los demás es necesario estar abiertos humildemente a ellos y estar dispuestos a un diálogo sincero y profundo, tanto si creemos en lo mismo como si no; tanto si lo interpretamos de la misma manera como si no; tanto si nos caemos bien como si no.

En tercer lugar, vivir de una tradición heredada implica ser humilde y reconocer que estamos aquí gracias a otros muchos que han vivido antes que nosotros en todos los sentidos, también en el ámbito de la fe; pero también requiere ser fieles a nosotros mismos y recibir esa tradición creativamente, haciéndola dialogar con las circunstancias actuales del mundo y de cada uno de nosotros.

En cuarto lugar, buscar la verdad con sinceridad requiere tener una actitud de apertura constante y estar dispuesto a reconocer que no se posee la verdad en su totalidad; por tanto, que siempre tenemos que seguir caminando hacia ella, incluso cuando creemos que nos ha sido revelada por Dios. Y para conseguir vivir en este constante camino es imprescindible vivir humildemente.

En suma, cuando vivimos desde la humildad no solo nos encontramos a nosotros mismos y no solo nos abrimos a la trascendencia de Dios, sino que además vivimos de una manera más enriquecedora y plena nuestra relación con los demás. Porque la humildad es la puerta del amor, y el amor es lo que nos une verdaderamente a los otros. Esa es la verdad que tanto buscamos y que vamos conociendo cada vez mejor cuanto más nos abrimos a ella.

Cuando vivimos de esa verdad, de nada sirve querer imponerla a los demás, porque entonces la perdemos. Recordemos lo que decíamos del deseo y el bien: cuando logramos que el bien sea atractivo, es más fácil que triunfe en el corazón de los demás. Con la verdad pasa lo mismo. Para que alguien desee abrirse a ella no hay que perseguirlo con grandes argumentaciones, aunque estas también son necesarias e importantes. Antes hay que atraerlo con nuestra vida, con nuestro testimonio. La verdad atrae cuando es vivida con convicción, honestidad, autenticidad, coherencia... y humildad: «Atraídos por lo humilde» (Rom 12,16).

La vida de los santos como invitación

Gracias a Dios tenemos muchos ejemplos de gente que ha vivido así y que por ello nos atrae hacia este camino de vida. Es así como deberíamos entender la importancia de la vida de los santos para nosotros: no marcan un patrón único que todos debemos seguir, sino precisamente el camino totalmente singular que ellos hicieron y que se abre ante nosotros como una invitación a recorrer nuestro propio camino.

Lo mismo ocurre con la Virgen María y su esposo san José. No son seres etéreos y lejanos con los que solo podamos relacionarlos para pedirles cosas. Son personas que vivieron, como nosotros, una vida concreta y singular, y que recordamos por el «sí» que dieron a Dios y que permitió un bien inmenso para mucha gente (de hecho, para toda la humanidad).

María, porque aceptó el plan de Dios sin reservas, reconociendo humildemente su pequeñez y dejando que él transformase su vida para dar más vida a los demás. Siempre desde la acogida de su Palabra, desde la meditación personal y la entrega a los demás, especialmente a su Hijo, y con la valentía de un «sí» que le «complicaba la vida», con la firmeza de no vacilar ante la llamada de Dios.

José, confiando en María, aceptando que ella había recibido una misión especial de Dios, accediendo a posibilitarla aun teniendo que renunciar a planear su vida familiar como él quisiera y primando el plan de Dios para ambos por encima de sus caprichos personales.

Ambos son santos por ser humildes ante Dios y reconocerlo como único Señor, y también por serlo el uno para con el otro y sus hermanos. Es decir, por amar al prójimo y a Dios sin buscarse de manera egoísta a sí mismos.

Ejemplos como ellos hay muchos a lo largo de la historia, y la gran mayoría seguramente habrán quedado en el anonimato. Conviene acercarse a sus historias, conocerlas, porque tienen esa capacidad de despertar nuestro deseo de verdad, de bien y de amor/ser pleno. Son historias que nos atraen por la belleza humana que desprenden, haciendo que deseemos buscar nuestro propio camino de santidad, sin olvidar nunca que la santidad «es, en primer lugar, un vacío que se descubre, y que se acepta, y que Dios viene a llenar en la medida en que uno se abre a su plenitud»[11]. Desear ser santos no debe llevarnos a buscarlo con nuestras solas fuerzas, sino hacernos caminar con más humildad para que sea Dios quien nos llene, nos purifique, nos sane y nos lance al mundo con una misión personal.

La belleza que hay en los otros y en el mundo nos atrae y ayuda a entrar en relación con Dios, algo que veremos a continuación de la mano de una visión sacramental de la realidad, donde este Dios se nos hace presente de manera admirable.

---

[11] E. LECLERC, *Sabiduría de un pobre*. Madrid, Marova, ⁹1987, p. 129.

6

Seducidos por la belleza

La atracción, de la que hablamos sobre todo al comienzo de nuestro recorrido, está relacionada con la belleza. Lo bello nos deleita y atrae por su perfección, hermosura o bondad. Contemplar algo bello nos produce disfrute, nos resulta agradable y a veces nos eleva espiritualmente. Lo bello tiene una armonía que deseamos, que nos pacifica.

Aunque cada vez más se aprecia como bello aquello que no responde a los cánones clásicos de belleza y que es más bien un conjunto de desarmonías, la experiencia estética sigue siendo parecida, solo que valoramos distintas características en las cosas que consideramos bellas.

Profundizar en la belleza

El deseo de belleza no solo nos habla de ese deleite que buscamos. También refleja que somos seres necesitados y excéntricos (con el centro fuera de nosotros mismos). Lo que hay en lo otro y en el otro nos saca de nosotros y nos atrae con fuerza, moviendo nuestro deseo, poniéndonos en camino.

Igual que con el deseo, también podemos reducir la belleza a algo físico e incluso erótico-sexual, pero con ello perderíamos gran parte del potencial que ella encierra. Y es que la belleza es también una invitación agradable y atrayente del bien. Lo bello no es solo algo que nos deleita superficialmente, sin más. Todo lo digno de ser amado es bello y capaz de sacarnos de nuestro egoísmo. Lo bello nos pone ante la alteridad de los otros, a quienes deseamos, atraídos por su belleza, por su valor.

La sociedad actual rinde un culto a veces desmesurado a la belleza. Resulta problemática la forma como la entiende y como invita a valorarla y buscarla, cortando de raíz esa dimensión trascendental de la misma, esa puerta abierta a Dios y a los demás en su núcleo más verdadero. Nos contentamos con una aspiración superficial a la belleza y desaprovechamos, por ello, la capacidad que tiene para llevarnos a nuestra plenitud como personas. Quizá porque ir más allá nos implica más y nos suele costar.

Y es que, como todo deseo, el anhelo de belleza puede también pervertirse cuando pretendemos someter lo bello a nuestros caprichos en lugar de dejarnos descentrar –salir de nuestro egoísmo– por ello. Para vivir adecuadamente este deseo debemos acudir de nuevo a la humildad: reconocer la belleza ajena y la propia como algo indisponible e inalienable, como algo que respetar y a lo que abrirse, y no como algo que queremos dominar despóticamente.

Cuando miramos algo bello de manera interesada acabamos dañándolo, porque no lo respetamos en su alteridad, sino que pretendemos hacerlo nuestro sea como sea, someterlo a nuestros caprichos. Este modo de proceder nos puede producir satisfacción momentánea, pero no colma nuestro deseo. Nos deja existencialmente vacíos, pues acabamos deslizándonos superficialmente por la belleza que nos atrae, en lugar de dejar que movilice lo mejor que hay en nosotros y nos lleve a profundizar en la vida.

Hemos hablado de nuestra pregunta por quiénes somos y de nuestra búsqueda del bien y la verdad. La búsqueda de la belleza no puede separarse de estas anteriores, porque se trata de distintas dimensiones de la misma realidad: el amor de Dios que se nos da en todo lo que existe. Todo es bueno por ser creación de Dios, el Bien: capaz de conducirse amorosamente hacia todo lo que lo rodea. Todo es verdadero por venir de Dios, la Verdad: no es una ilusión, existe y es de determinada manera, aunque está llamado a abrirse cada vez más a Cristo, la Verdad que lo colma. Todo es bello, finalmente, porque, bajo la mirada adecuada, todo es capaz de conmover el corazón y llevar más a Dios; todo lo bello viene de Dios, la Belleza, y tiene la capacidad de convertirnos, sanarnos, hacernos cambiar de mirada.

Belleza y humildad

La *verdad* de nuestro ser está en el amor, que es un horizonte hacia el que caminar siguiendo la llamada del *bien*. Ya hemos dicho que, para realizarnos como personas, no podemos ser ciegos a nuestra propia verdad y debemos construir buenas relaciones con los demás, basadas en el amor delicado. Para ello necesitamos ser humildes: verdaderos y amorosamente delicados, abiertos al prójimo y ofreciéndonos a nosotros mismos.

En todo esto, la *belleza* tiene un papel fundamental, pues es la que alienta el deseo, la que hace más apetecible y dichoso este camino de la humildad que lleva al amor. Con ello no queremos decir que no pueda haber distintos criterios de lo que es bello ni que no podamos amar lo que no nos apetece. Ya dijimos que en el amor se requiere también voluntad y perseverancia.

Estamos moviéndonos en una definición de «belleza» que no siempre es la más habitual. Sucede como con la humildad: hay palabras que han ido adquiriendo muchas connotaciones y sentidos y a veces generan confusión. Lo que queremos decir es que el corazón humano, para poder seguir el camino de su plenitud, también necesita conmoverse y sentirse atraído hacia el bien. Esa atracción, ese deleite del bien, es la belleza. El problema es que a veces no sabemos distinguirla o confundimos los criterios para valorarla.

Independientemente de que nos resulten bonitas unas cosas u otras –pues gustos hay muchos–, la belleza que más genuinamente nos atrae como seres humanos es la que caracteriza el bien. El bien es humilde, y lo humilde nos atrae de una forma especial por su falta de artificiosidad y por su transparencia. Este bien se refleja como belleza de muchas maneras en la realidad: en el propio ser de lo que existe, en su armonía y perfección y también en las acciones buenas de las personas (donde más nos puede conmover, porque en ellas puede ser mayor el reflejo de lo divino).

La sacramentalidad como transparencia de Dios

Para colmar nuestro deseo de deleite en la belleza, pero sin estropearla al intentar someterla a nuestro antojo, podemos vivir esta dimensión de nuestro ser desde una espiritualidad *sacramental*.

Igual que al experimentar un deseo infinito de bien nos damos cuenta de que deseamos a Dios, el Bien máximo, y que al buscar la verdad es a él a quien buscamos, también al desear colmar nuestro anhelo de belleza es la Belleza del amor de Dios lo que deseamos en último término.

Las experiencias de revelación, en las que vemos la realidad de una manera nueva porque entendemos que hay en ella algo más que ella misma, son de alguna forma sacramentales: ese acontecimiento concreto nos está señalando a alguien más allá, a Dios.

Sacramental es todo aquello que transparenta el amor de Dios en la creación y que, al contemplarlo con la mirada adecuada, nos permite captarlo y entrar en relación con él. Los sacramentos propiamente dichos son momentos en que esto mismo se vive con la máxima intensidad y seguridad de que el propio Dios se nos está dando en aquello que experimentamos y celebramos.

La creación transparenta el amor de Dios. Para descubrirlo debemos ser humildes, reconocer que no somos los únicos seres del mundo y que en los demás también está presente Dios, invitándonos a relacionarnos con él y llamándonos a la conversión.

Nuestro mundo es una vía para conocer y amar a Dios, y por eso nos jugamos mucho de nuestra relación con él en cómo tratamos este mundo. Esto es lo que significa relacionarse con las cosas de manera sacramental: siendo conscientes de que Dios está presente en todo, que todo es un regalo para nosotros y tratándolo por ello con humildad y delicadeza, aunque no creamos en Dios (pues sigue siendo algo que se nos ha dado gratuitamente y que debemos respetar).

El cuidado de la creación

Dijimos antes que el pecado es lo que nos encierra y centra en nosotros mismos y nos separa de los demás.

También es lo que nos separa del mundo, de la naturaleza, y nos impide verla como sacramento del amor de Dios. Cuando superamos la tentación y nos encaminamos por el sendero de la humildad, somos capaces de percibir que en todo hay una cierta dimensión sagrada, porque nada está fuera del amor de Dios, y la percibimos como belleza de la creación.

La humildad nos conecta entre nosotros y también con la tierra. El orgullo nos desconecta y, por tanto, nos hace egoístas, descuidados y dominadores, capaces de destruir el mundo en el que vivimos. Esto es lo que está ocurriendo en la actual crisis ecológica, que, según el papa Francisco en *Laudato si'*, está causada porque nos hemos puesto egoístamente en el centro y dañamos todo lo que tenemos alrededor, tanto la naturaleza como a las personas. Algo parecido señala el teólogo ortodoxo John Chryssavgis:

> Somos menos humanos sin Dios, menos humanos sin los demás y menos humanos sin la creación [...]. La humildad a través de la simplicidad puede reconciliar un mundo que, de lo contrario, estaría dividido por el pecado; preservará un planeta que de otra manera estaría explotado por la avaricia[12].

---

[12] J. CHRYSSAVGIS, «A New Heaven and a New Earth», en *The Ecumenical Review* 62/2 (2010), pp. 214-222 (222).

La dinámica del mal funciona igual con todo. Por eso las crisis están siempre conectadas. Cuando la tentación nos domina, triunfan el egoísmo y la indiferencia, y esto afecta a todo lo que hay a nuestro alrededor: las cosas, las personas, los grupos, la naturaleza... todo. No es extraño que el papa Francisco haya puesto de relieve la relación que hay entre nuestra indiferencia y falta de cuidado hacia los pobres y la misma indiferencia y falta de cuidado que mostramos hacia la tierra: «Una convicción actual: que todo está relacionado, y que el auténtico cuidado de nuestra propia vida y de nuestras relaciones con la naturaleza es inseparable de la fraternidad, la justicia y la fidelidad a los demás» (*Laudato si'* 70).

Vivirse humildemente como parte de la creación, desde el agradecimiento de quien sabe que su ser y el mundo donde vive son regalos inmerecidos lleva a un compromiso activo. Vivir sacramentalmente no se reduce a ver a Dios en todo, sino también a dar el paso de cuidarlo todo, comprometido con ello.

Al valorarlo y cuidarlo como regalo es más fácil tener la sensibilidad de apreciar la belleza presente en todo –tanto en la naturaleza como en las personas– y ver en ella un reflejo de la belleza divina. Y al vivir desde esta humildad también nosotros podemos transparentar la belleza de Dios en nuestra vida, sabiendo que no es algo fabricado por nosotros mismos, sino algo recibido gratuitamente. Algo que apunta más allá de nosotros, a Dios, y que atrae a los demás porque es una belleza que participa del bien y la verdad.

La belleza es un don divino

Pese a la importancia de mirar sacramentalmente la belleza de la creación, no debemos idolatrarla, pues ella no es Dios, sino un reflejo suyo. Dios siempre permanece más allá, aunque se nos dé «más acá». Por ello hay que considerar la belleza de las cosas creadas como una buena mediación hacia él, pero no como un absoluto en sí mismo.

En suma, se trata de aprender a tener una mirada sacramental (contemplación); de cuidar la Tierra y cuidar de quienes viven en ella (acción), y todo ello desde una apertura constante a Dios, dejando que sea él quien mueva nuestra vida y se transparente en ella (oración).

Así, los seres humanos somos invitados a contemplar, custodiar y transparentar la belleza del amor de Dios en nuestra vida y en el mundo. Por eso estamos llamados a abrirnos a la gracia divina en toda nuestra cotidianidad (actitud y mirada sacramental) y en algunos acontecimientos de manera especial (sacramentos).

Cuando aceptamos esta invitación, confiando en Dios e impulsados por el amor que recibimos de él, nuestra vida transparenta la belleza de quien hace del bien su camino y se deja impulsar por el amor que recibe. Cuando intentamos construir nuestra propia belleza centrados en nosotros mismos, la acabamos pervirtiendo, porque no reconocemos su dimensión de don, de regalo, y porque fácilmente nos vuelve orgullosos y nos separa de los demás. En palabras de Jean-Louis Chrétien:

> No existe mayor resplandor que el de la luz, y solo podrá resplandecer aquel que se haya expuesto a ella. Esta no es dada más que a aquellos que están desnudos y no reviste más que a aquellos que no tienen nada. Para ser revestido por la belleza misma de la luz hay que renunciar a hacerla brotar de nosotros mismos. La belleza del alma es la luz de Dios sobre ella [13].

Los sacramentos

Aunque todo puede vivirse desde la dimensión sacramental, hay momentos de la vida en los que la presencia de Dios es mayor, más densa, más plena; en los que estamos totalmente seguros de que su gracia está actuando. Estos momentos son los sacramentos.

Recordemos que Dios elige nuestra vida y nuestra historia para revelarse a nosotros. Por eso se hizo hom-

---

[13] J.-L. Chrétien, *La mirada del amor*, o. c., p. 46.

bre en Jesús, por eso nos transmitió su mensaje a través de palabras humanas en la Biblia y por eso encomendó su misión a la Iglesia, la comunidad de los creyentes. Dios no actúa en nosotros al margen de nosotros, porque nos ama de manera humilde.

Los sacramentos son, entonces, momentos en los que él ha prometido que se hace presente cuando nosotros queremos hacerlo presente, cuando lo invocamos sinceramente a través de los miembros de su Iglesia a quienes se ha encomendado esa misión. Son momentos que están relacionados con la vida de la persona y también con la vida de fe. En suma, se trata de la máxima transparencia de la belleza del amor de Dios en la vida humana, porque tocan nuestras fibras más hondas, conmoviendo, si nos dejamos, lo más profundo de nuestro ser.

Bautismo y confirmación

El *bautismo* es el momento en el que una persona decide formar parte de la Iglesia, acoger el proyecto de Dios para su vida, y el momento, sobre todo, en que Dios interviene para ratificarlo y para salvar con su amor a la persona que a él se abre.

La gente que se bautiza siendo adulta puede vivir este sacramento como los primeros cristianos: esa renuncia a la vida anterior para abrazar la vida en Cristo que requiere la humildad de saberse necesitado de Dios y de reconocer el propio pecado. Reconocemos que no somos dueños de nuestra vida y así la entregamos al Señor. El agua con la que somos bautizados simboliza la muerte –y con ello nuestros límites–, pero también la vida nueva que Dios nos promete a pesar de todo lo malo que pueda sucedernos.

La mayoría hemos sido bautizados siendo muy pequeños. Y la belleza del amor de Dios también se muestra en este bautismo más recibido que elegido, pues, gracias al amor de otros hacia la persona bautizada, Dios interviene en su vida con la promesa de vida plena.

Pero las personas no solo nacemos –o más bien renacemos– a Cristo, sino que también podemos crecer en él. La vida humana se caracteriza por el constante progreso hacia Dios, atraída por él. Por eso hay un segundo sacramento –la *confirmación*– que consagra el crecimiento de la persona a Dios, así como su compromiso en la misión de la Iglesia. Si el bautismo subraya la muerte o renuncia a lo que no es de Dios para vivir con él, la confirmación acentúa más la parte positiva: somos lanzados por el Espíritu a construir el Reino; recibimos su fuerza para poder crecer en el amor a Dios y a los demás, llamados como estamos a convertirnos constantemente a él. El Espíritu nos empuja a una misión que debemos reconocer con humildad y desempeñar con amor y entrega servicial a los demás.

Reconciliación y unción de los enfermos

A pesar de que en el bautismo prometemos renunciar al pecado y acogemos la promesa de Dios de salvación, las personas tenemos siempre la tentación del egoísmo y sufrimos también el mal que otros hacen y la propia limitación de nuestro mundo (en la enfermedad, por ejemplo). Dios, consciente de que su oferta de salvación ha de acogerse en semejantes condiciones, se nos da como amor perdonador y reparador.

Por eso en el sacramento de la *reconciliación* Dios nos sana y libera del mal que hemos hecho. No hay mayor belleza que la de un corazón reconciliado, sanado, enviado a amar más y mejor. El perdón divino restablece la armonía que perdimos al pecar, nos ayuda a reconciliarnos no solo con Dios, sino con nosotros mismos, los demás y el mundo.

Pero el único mal no es el que hacemos, sino también el que sufrimos. Hay situaciones límite, como la enfermedad y la muerte, ante las que podemos tener la tentación de desconfiar del amor de Dios e incluso optar por el camino más fácil, la autoafirmación egoísta. Por ello, Dios se ofrece en el sacramento de la *unción de los enfermos* con la fuerza esperanzadora de su Espíritu.

Allí donde se hacen tangibles nuestros límites humanos y, por extensión, de toda la naturaleza –enfermedad–, Dios se hace presente de un modo especial, señalando esos lugares de muerte como lugares en los que se puede vivir abierto a él y no al mal: «Mi gracia te basta, pues mi fuerza se realiza en la debilidad» (2 Cor 12,9).

Como en la reconciliación, Dios muestra su delicadeza hacia nosotros al abrazar nuestra limitación, y nosotros podemos hacernos conscientes de nuestra verdad como criaturas débiles y necesitadas de él, llamadas a vivir desde el amor –y con su ayuda– esos momentos de dificultad.

La reconciliación y la unción son signo de que ya hemos sido salvados, pero aún no del todo. Esperamos serlo totalmente en el fin de los tiempos. Pero, mientras tanto, el mal que nos rodea y que sufrimos puede ser también un camino para abrirnos más a Dios o para volver a él.

Orden sacerdotal y matrimonio

Hay dos sacramentos que hacen referencia a la forma que la persona creyente tiene de vivir su entrega a Dios y a los demás: el orden y el matrimonio. Quienes reciben el *orden sacerdotal* son llamados por Dios para ser mediadores del sacerdocio de Cristo en la Iglesia, es decir, para actuar en su nombre en la liturgia y dirigir la comunidad desde el servicio.

Es una invitación a servir a los demás humildemente, con la entrega que caracterizaba a Jesús, siempre contando con ellos como hermanos en la fe: «El que quiera llegar a ser grande entre vosotros que sea vuestro servidor; y el que quiera ser el primero entre vosotros que sea esclavo de todos; que tampoco el Hijo del hombre ha venido a ser servido, sino a servir y a dar su vida como rescate por muchos» (Mc 10,43-45).

La elección gratuita de los sacerdotes por Cristo supone una total humildad por parte de Cristo, pues con ella deja que otros lo representen, con independencia de su cualidad moral y de su capacidad de transparentarlo a él como Señor.

A su vez, acoger y responder a esta llamada es un ejercicio de humildad por parte de quien se sabe llamado gratuitamente, y no por sus propios méritos, para ser mediación humana de Cristo: de su cuidado hacia su pueblo, de su entrega en la eucaristía, de su perdón en la reconciliación, etc.

Asimismo, en la llamada al *matrimonio* se refleja especialmente que nuestro destino excéntrico no solo tiene como meta a Dios, sino también a los demás seres humanos. Dios se entrega a ambos cónyuges bendiciendo y sosteniendo su alianza, una alianza de amor generoso que desea el bien del otro, engendra nueva vida y tiene vocación de eternidad.

Al vivir el matrimonio como sacramento, este deja de ser solo una realidad natural para quedar referido al amor de Dios: un amor humilde que busca delicadamente la comunión con el otro sin violentar su identidad; un amor entregado por el otro hasta el final; un amor fiel que mira al otro con predilección; en suma, un amor llamado a transparentar el amor divino. De hecho, la Biblia siempre alude al matrimonio para explicar el amor de Dios por su pueblo y el de Cristo por su Iglesia.

Eucaristía

El sacramento que nos falta por mencionar es el más importante de todos: la *eucaristía*. En ella se entrelazan los elementos naturales, nuestra vida humana y el amor que Dios nos tiene. El pan y el vino simbolizan esta triple comunión: son dones de la naturaleza –el trigo y la vid–; también fruto de nuestro trabajo humano –pan y vino– y, además, Cristo se hace presente en ellos –cuerpo y sangre–, actualizando así la entrega salvífica de su vida, que es alimento para todos los creyentes.

Las personas estamos llamadas a desposeernos de nuestro propio esfuerzo, reconociendo con gratitud que los dones que presentamos son, antes que fruto de nuestro trabajo –que también–, dones que Dios nos ha dado, por lo que debemos retornarlos a él agradecidos para que él los haga vida en abundancia. De hecho, eso significa precisamente «eucaristía» en griego: agradecimiento, acción de gracias.

En la eucaristía, Dios realiza el misterio de nuestra salvación. Acogiendo todo lo que nosotros somos y entregamos, él lo hace vida para nosotros a través de la entrega de su propia vida (la vida de su Hijo Jesucristo). Dios nunca nos impone esta salvación, esta oferta de vida plena. Siempre se entrega y la derrama gratuitamente para que la acojamos, si es nuestro deseo. Su amor siempre es humilde, también aquí.

La eucaristía es tan central en la vida cristiana porque en ella tenemos el culmen de la presencia sacramental: se transparenta el amor creador del Padre, que nos ha dado todo lo que somos y tenemos; el amor entregado del Hijo, que nos ha amado hasta el extremo, acogiendo incluso nuestro pecado y perdonándonos en la cruz, y el amor dinamizador del Espíritu, que nos une con lazos de amor para hacer de nosotros una verdadera comunidad.

El amor de Dios en la eucaristía llega al extremo de la humildad al hacerse presente de un modo real en la materialidad del pan y el vino, quedándose así a nuestra merced. Nosotros podemos adorar a Cristo en esta singular presencia –reconociendo humildemente que es un misterio que no alcanzamos a comprender del todo– y dejarnos alimentar por él o, por el contrario, podemos dañar esa presencia o ignorarla.

La presencia real de Cristo en la eucaristía es el símbolo por excelencia de su entrega total para nuestra salvación: se deja por completo en nuestras manos, con independencia de que lo acojamos o lo rechacemos. Al fin y al cabo, el misterio de la eucaristía no es otro que el de su muerte y resurrección, donde también se dejó en nuestras manos y donde su amor triunfó por encima de nuestro mal y nuestro miedo. La eucaristía es humildad extrema de Cristo ofreciéndose a nosotros, una entrega que nos renueva y construye comunidad al actualizarse.

Estamos llamados a participar en este misterio pascual, en la muerte y resurrección de Jesús, a través de un banquete, porque su entrega es alimento y también invitación a la comunión de vida, como todo buen banquete. Al comulgar, no solo nos alimentamos de su entrega, sino que también realizamos la nuestra, dispuestos a compartir su vida y destino. Esta comunión con la vida del Señor es lo que nos salva, como después veremos.

Un amor que nos atrae hacia la eternidad

En todos estos momentos y situaciones de la vida se transparenta el amor de Dios cuando los celebramos sacramentalmente: entrega de nuestra vida a Dios, crecimiento en la vida de fe, perdón de nuestro mal, ayuda para vivir la enfermedad como camino hacia Dios, entrega a otra persona para compartir la vida, consagración a Dios y entrega a la comunidad para servirla humildemente y comunión en el banquete preparado por Dios para nosotros, aceptando la vida que nos ofrece.

El amor que recibimos y al que nos lanzan estos sacramentos muestra su belleza en nuestra vida, llamada como está al horizonte del Amor con mayúscula. Un horizonte que nos mantiene caminando, atraídos hacia la eternidad:

> Este sentimiento me parece propio de un alma poseída por la pasión del amor hacia la Belleza esencial: la esperanza no cesa de atraer desde la belleza que se ha visto hacia la que está más allá, encendiendo siempre en lo que ya se ha conseguido el deseo hacia lo que aún está por conseguir. De donde se sigue que el amante apasionado de la Belleza, recibiendo siempre las cosas visibles como imagen de lo que desea, anhela saciarse con el modelo originario de esa imagen. Y esto es lo que quiere la súplica audaz y que sobrepasa el límite del deseo: gozar de la belleza, no a través de espejos y reflejos, sino cara a cara[14].

---

[14] Gregorio de Nisa, *Vida de Moisés* II, 231-232.

7

Anhelando eternidad

Hemos ido recorriendo distintas vertientes de nuestro deseo –el *ser*, el *bien*, la *verdad* y la *belleza*– y descubriendo que al buscar y desear colmar esas dimensiones de la existencia estamos en realidad buscando y deseando el amor de Dios. Un amor infinito que vence todo mal, pero que lo hace a través de la entrega humilde y el respeto a nuestra libertad. Y un amor del que solo se puede participar haciéndolo vida con los demás y con la naturaleza que nos rodea.

La salvación

Cuando hablamos de «salvación», nos referimos precisamente a esa oferta que Dios nos hace de su amor, que es un *camino* de plenitud, que descubre la *verdad* de nuestro origen y destino y que es una oferta de *vida*. Camino, verdad y vida que Jesucristo encarnó, llamándonos al seguimiento en la fe, esperanza y amor. Pero ¿qué significa realmente todo esto?

En primer lugar, cuando hablamos de plenitud o salvación, siempre va unida implícita o explícitamente la idea de «eternidad», porque no queremos que el amor se acabe, sino que perdure por siempre. La Vida con mayúscula es inagotable e imperecedera. O al menos eso deseamos y eso intuimos que nos ofrece el amor de Dios.

En segundo lugar, al decir que la salvación es un camino que hay que recorrer con fe y esperanza, aludimos al hecho de que aún no estamos salvados plenamente. Vemos que en nuestra vida sigue habiendo mal. Continuamos presos del miedo que nos lleva al egoísmo y al pecado, separándonos de los demás y conduciéndonos a la soledad y la infelicidad. También seguimos sufriendo las consecuencias del mal ajeno, aun siendo muchas veces inocentes.

Buscamos y queremos construir una comunión con nuestros hermanos, pero nos sentimos solos muchas veces y notamos que en lo íntimo de nuestro ser hay un anhelo que no acaba de colmarse del todo, pues los deseos se colman haciéndose más grandes, por lo menos en la vida «terrena».

Al hablar de «salvación» solemos pensar en la vida eterna, en lo que nos sucederá después de la muerte. Y en ocasiones nos produce cierta inquietud, porque no sabemos si triunfará la bondad de Dios, perdonando todo el mal que hemos hecho durante nuestra vida; si intervendrá su justicia, castigando ese mal, o si nos espera la nada.

Amor incondicional y serio

Decíamos antes que, en Dios, bondad y justicia no están separadas, y que la justicia es para salvar, no para condenar. En la Biblia aparece, por una parte, el amor incondicional de Dios hacia todos los seres humanos, que ama y perdona a los buenos y a los malos, como ilustran las parábolas de la misericordia (cf. Lc 15): Dios es como el pastor que deja a todas las ovejas para ir a buscar la oveja perdida; como la mujer que pone todo patas arriba para encontrar la monedilla perdida, o como el padre que ama tanto al hijo responsable como al que se ha dado a la mala vida, y que celebra una gran fiesta cuando este regresa.

Por otra parte, la Biblia también explicita la importancia de nuestras obras de cara a nuestra salvación ultraterrena o, dicho de otra forma, alude a la condenación de quien no obra según el bien. Así, por ejemplo, Jesús dice que quienes lo amaron a él amando al prójimo entrarán en la gloria del Señor, en la vida eterna, y que quienes no lo hicieron irán a un castigo eterno (cf. Mt 25).

¿Qué podemos sacar en claro de todo esto? ¿Qué es ser salvados? ¿Cómo es posible que Dios sea misericordioso, pero que a la vez nuestra libertad tenga consecuencias en nuestra salvación?

Cuanto más reflexiono sobre este tema, más cuenta me doy de que solemos cometer dos errores: primero, como decíamos al hablar de la idea de Dios, que proyectamos en él nuestras lógicas humanas, de manera que llegamos a inevitables callejones sin salida.

Segundo, que a veces preferimos decantarnos unilateralmente por un extremo, cuando la verdad se juega más bien en la integración de los dos polos de la paradoja, no de manera irracional, pero tampoco de manera completamente «clara y distinta».

Partiendo de esa base tenemos que volver a subrayar que la justicia de Dios no puede separarse de su misericordia. Los seres humanos tenemos un concepto demasiado retributivo de la justicia, y nos choca la –para nosotros– «injusta justicia» que nos enseñaba Cristo, por ejemplo, en la parábola de los obreros que fueron a distintas horas a la viña pero ganaron lo mismo (cf. Mt 20,1-16).

La justicia divina es el amor de Dios –el amor que Dios *es*– tratando de hacernos buenos y justos a nosotros. No es un tribunal que quiera imponernos penas por lo que hemos hecho mal ni premiarnos por lo que hemos hecho bien. Dios nos ama incondicionalmente, nos acepta a pesar de nuestros fallos, no tiene una lógica de méritos con nosotros (o al menos no una lógica de méritos como nosotros solemos entenderla, sino que habría que matizar, como intentaremos hacer).

Sin embargo, Dios nos ama de manera seria, y, cuando se ama seriamente, no se obvian las cosas, especialmente el mal cometido por el otro. Decíamos que el amor de Dios es humilde, y la humildad respeta la libertad del amado. Pero la humildad es andar en verdad, como decía santa Teresa, y respetar la libertad del otro no implica ser ciego ante la verdad del mal que –libremente– comete.

Por eso Dios nos deja la opción de ser buenos o malos, aunque prefiere que seamos buenos, más que nada porque de lo contrario no podemos ser felices. En este sentido, para él son importantes nuestras obras, como lo son para cualquier padre o madre las obras de sus hijos, a quienes quieren ver dirigirse por el buen camino para que sean felices y plenos. Eso sí, que quiera el bien para nosotros no significa que su amor esté condicionado a que lo elijamos. Nada más lejos.

Fe y obras

Dios nos ama de manera incondicional, y quizá nuestro problema a la hora de entender cómo «funciona» su amor es que estamos presos del miedo a no ser el centro y a no ver cumplidos nuestros deseos. Ese miedo se acrecienta por las experiencias de desengaño que vivimos en nuestra vida cotidiana, porque las personas que nos aman no son perfectas y, por tanto, no nos aman perfectamente, como desearíamos.

Como Dios nos ama sin condiciones, nuestra salvación consiste en aceptar ese amor gratuito que Dios nos ofrece. A esto se refería san Pablo al hablar de la «justificación por la fe»: básicamente, que nuestras obras no nos «compran» el amor de Dios, sino que él nos ama sin que lo merezcamos, y por eso, para ser plenamente nosotros mismos, lo que tenemos que hacer es creérnoslo y acoger ese amor.

Sin embargo, esto no es algo «facilón». Antes dijimos que acoger el don divino es la tarea humana. El amor de Dios siempre se ofrece a nuestra libertad y la llama a ponerse en movimiento. Por eso, aunque sea salvación *por la fe,* en lenguaje paulino, esa fe es una *respuesta* de nuestra libertad, que nos implica y nos exige poner en juego nuestra vida en el camino que Dios nos ofrece. De ahí que la carta de Santiago enfatice que la fe está muerta sin obras (cf. Sant 2,17).

La fe es aceptar la salvación libremente, porque Dios, que nos ama con humildad, no nos quiere salvar sin contar con nuestra libertad. Pero esa aceptación no es un asentimiento teórico de que el amor de Dios es gratuito e incondicional, sino la *orientación vital* de quien ha experimentado que es así y quiere vivir conforme a ello. Esa orientación vital es nuestra tarea para acoger un amor que, aunque es don gratuito, requiere de nuestra libertad para llevarnos a la plenitud.

Estamos a veces tan imbuidos de mercantilismo que nos cuesta entrar en esta lógica. Pero en el fondo la vivimos siempre que nos dan un regalo. Cuando nos regalan algo, por más que sea inmerecido y gratuito, no nos limitamos a «constatar» que nos lo han dado. Eso no sirve para nada. Lo que hacemos es agradecerlo, abrirlo y utilizarlo. Para abrirlo debemos actuar poniendo en juego nuestra libertad, pues, si no lo hacemos, de nada nos sirve que sea un regalo estupendo y gratuito.

Además, recibir regalos suele llevar a querer retornarlos agradecidamente, y no necesariamente desde la mentalidad de compraventa –aunque a veces suceda–, sino desde la lógica del don, pues quien recibe de forma gratuita quiere –o debería querer, si de verdad está agradecido– dar gratuitamente.

Lo mismo ocurre con la salvación. De nada nos sirve que Dios nos quiera salvar si nosotros no queremos. Pero para quererlo no basta con «decirlo», sino que hay que *desearlo* y *hacer lo posible por acogerlo* con la propia vida, como sucede con los regalos. La lógica que nos lleva a vivir esto es la lógica del don: Dios nos ama gratuita e incondicionalmente, y por eso nosotros queremos amar así a los demás.

Más acá y más allá

Ser salvados no es solo ser rescatados del mal, en negativo –aunque también–, sino también, en positivo, ser llevados al máximo de nuestra humanidad, y, al humanizarnos, divinizarnos (pues ser más humanos

nos hace más semejantes a Dios). Es decir, ser salvado no es solo un rescate, sino sobre todo la felicidad de ser plenamente quien se desea ser.

Así, si la salvación es hacer vida el amor que recibimos gratuitamente de Dios, parece evidente que no puede referirse solo al «más allá» que nos espera tras la muerte. Pues ya en «esta vida» –como solemos llamarla, aunque habría que matizar que no es que haya dos vidas, sino un cambio cualitativo en ella– queremos participar de ese proyecto de amor. Por eso habría que señalar que la salvación no es una especie de «clasificación» tras la muerte, sino el logro o plenitud de la vida, que se consigue viviendo como Dios propone, desde la lógica de su amor.

Y, si esto es la salvación, puede estar salvado alguien que no crea en Dios de forma explícita –por los motivos que sea– pero que viva humildemente, abierto a los demás, sin ponerse en el centro, entregándose, dejándose amar y amando al prójimo, porque viviendo así está participando, sin saberlo, del amor de Dios. Aunque no cabe duda de que, como ya dijimos, es más difícil amar así sin una relación explícita con el Señor y, sobre todo, se pierde el gozo de conocerlo.

Con todo, sigue presente el interrogante por el «más allá». Lo pone de relieve estupendamente el libro de la Sabiduría: ¿qué ocurre con el justo que es humillado y sufre, con quien elige el camino de Dios y, con todo, vive una vida desdichada por culpa de sus congéneres?

Como señala el libro de la Sabiduría, a quien elige el camino del mal le espera la perdición tras la muerte, puesto que es el camino que ha elegido en vida. Por su parte, quien elige el bien no perecerá, sino que Dios hará justicia y colmará ese deseo de plenitud y eternidad que el justo tiene y que se ve nublado por el mal que sufre injustamente:

> No persigáis la muerte con vuestra vida perdida ni os busquéis la ruina con las obras de vuestras manos; porque Dios no hizo la muerte ni se alegra con la destrucción de los vivientes. Él lo creó todo para que subsistiera: las criaturas del mundo son saludables, no hay en ellas veneno de muerte ni el abismo reina sobre la tierra, porque la justicia es inmortal. Pero los impíos invocan a la muerte con gestos y palabras; haciéndola su amiga, se perdieron; se aliaron con ella y merecen ser sus secuaces (Sab 1,12-16).

La ambivalencia de la muerte

La muerte física es, por tanto, el momento que cierra la vida y sella lo que esta ha sido, la opción que uno ha tomado, que es la que le espera en el «más allá». Pero hay una muerte peor, que es la muerte espiritual, es decir, lo que el mal que hacemos produce en nosotros: esa lejanía de Dios y del prójimo que nos impide cumplir nuestro destino último. Esa distancia de Dios es la verdadera muerte, porque va contra lo que somos y para lo que estamos hechos. Y esa muerte se puede tener ya en vida con las opciones que tomamos.

A quien elige la vía del mal y la muerte, si la ha elegido de verdad y libremente, eso es lo que le espera tras la muerte física, porque es lo que ha querido. Dios no puede salvarlo contra su opción personal. A quien elige la vía del bien, aunque a veces se equivoque y caiga en el mal, Dios le promete que tendrá la vida en plenitud que anhela y que aquí no logramos totalmente.

La verdadera muerte es el mal, que nos hace perder la buena vida que podemos tener como personas, encerrándonos en el egoísmo y la soledad. La muerte física es el límite de nuestra existencia terrena, pero no nuestro fin absoluto, si de verdad deseamos la salvación que Dios nos propone.

La muerte es ambivalente: nos pone ante nuestro límite como criaturas, pero podemos vivir ese límite desde una apertura y confianza en Dios o desde una cerrazón a él (explícita o implícitamente, a través de una cerrazón al amor del y al prójimo).

Ya, pero todavía no

Aunque es importante subrayar que la salvación es la vida plena que ya podemos vivir, tampoco podemos olvidar que la vida eterna tiene un plus de plenitud frente a la existencia terrena, puesto que en esta muchas veces somos esclavos de nuestro propio egoísmo y otras tantas veces del egoísmo ajeno.

En la vida hay momentos de profunda dicha, de plenitud, de amor que participa de la eternidad de Dios..., pero hay también muchos momentos de soledad, miedo, sufrimiento por el mal que otros cometen y por el que comete uno mismo.

Una espiritualidad sana debe contar con este carácter de la existencia: *ya* podemos vivir arraigados en el amor de Dios, *ya* podemos ser salvados y hacer del amor nuestro camino, pero *aún no* en plenitud. Esperamos que ese anhelo, cada vez más grande, sea colmado totalmente cuando compartamos la vida divina después de la muerte (física). Nuestra vida quedará transfigurada, seremos plenamente nosotros mismos sin el mal que aquí nos acecha y estaremos en comunión perfecta con Dios y nuestros hermanos. De momento hay que caminar contando con nuestros límites, aunque desde la esperanza. Es un realismo esperanzado.

Cielo, infierno y purgatorio

Quien se haya negado a acoger esta promesa divina es quien decimos que va al «infierno», que no es otra cosa que la soledad de estar encerrado en sí mismo, separado de los demás y de Dios. No podemos afirmar si existe alguien que haya elegido de verdad este camino, porque no lo sabemos, pero sí lo debemos mantener como posibilidad si queremos salvaguardar nuestra libertad con todas sus consecuencias. Esto se debe a que Dios nos ama con humildad y respeta nuestra libertad con seriedad, aceptando lo que de ella se deriva.

Cuando muramos nos encontraremos con la verdad de nuestra vida; será un momento de gran humildad. Al ver esa verdad nos dolerá el mal que hemos hecho, aunque Dios nos acogerá con perdón y misericordia. A esto llama la Tradición «purgatorio», a ese momento de verdad y reconciliación, de reconocimiento de lo que ha sido la propia vida y de purificación para poder dejar de lado nuestro mal y ser llevados a la plenitud del bien con todos nuestros hermanos.

Habrá quien diga que, si esto es así, podemos pecar todo lo que queramos con tal de estar verdaderamente arrepentidos. Es una observación interesante, pero de nuevo cae en una lógica de mercado que no es la de la salvación. En primer lugar, porque pecar nos hace infelices, no nos lleva a una plenitud existencial (aunque pueda, en determinados momentos, hacernos la vida más fácil y hasta más placentera). Y, en segundo lugar, porque cerrarnos al don nos incapacita para recibirlo, mientras que cuanto más nos abrimos a él, más fácil es que nos colme. De manera que cuanto más plenamente elijamos el camino del bien, con más plenitud puede llenar Dios el anhelo de amor que tenemos, porque se lo estaremos poniendo más fácil.

Es como si nosotros fuésemos un recipiente que puede recoger el agua, que sería el amor de Dios. Por más que Dios nos quiera llenar, si no está hacia arriba es imposible; si lo rompemos, más imposible aún, y más llenos estaremos cuanto más grande hagamos nuestro cuenco. Dios querrá llenarnos siempre por igual, pero lo logrará más o menos según le demos más o menos paso a nuestra vida.

Más allá de esto es difícil decir nada. Nosotros no conocemos a las personas hasta su fondo más íntimo ni tenemos capacidad ni potestad para juzgar lo que ha sido su vida, lo que han elegido con su deseo y sus actos. Por tanto, el juicio depende solo de Dios y no es cosa nuestra decir quién «va al cielo» y quién no.

Debemos estar preocupados por vivir nosotros mismos con hondura, autenticidad y entrega, e intentar que nuestros semejantes hagan lo mismo. A partir de ahí es Dios quien sabe y quien puede juzgar con un juicio que es misericordioso y reparador, aunque nunca usurpador de la libertad.

Muerte y resurrección

A pesar de todo, podemos preguntarnos por qué existe la muerte, por qué no nos ha hecho Dios directamente infinitos, imperecederos, capaces de vivir en su eternidad. Quizá porque, de ser así, seríamos Dios y no alguien distinto de él. Quizá quiere que, pudiendo decirle que no, si estamos con él y compartimos su vida, es porque hemos decidido que sí.

Por eso conviene pensarlo en clave de atracción y no de «comercio»: no es que Dios nos dé si le damos; es que quiere atraer nuestra libertad, pero sin coartarla, y nosotros podemos dejarnos atraer o cortar con ese deseo de raíz. Se entiende mejor la relación con Dios y la salvación desde la clave del deseo y el amor, desde la *relación,* y no desde la dinámica del «yo te doy, tú me das».

La muerte y la resurrección de Cristo, de las que antes hablamos, iluminan este misterio que es nuestra propia muerte y nuestra propia –eventual– resurrección. Jesús vivió su muerte en confianza total a Dios Padre y en completo amor y perdón a la humanidad. Así, su muerte abrió la posibilidad de vivir ese límite de la vida terrena no como algo que frustra nuestro destino humano, sino como encuentro con la verdad de nuestra vida, y, en el caso de Jesús, como lo que ratifica una vida de absoluto amor y entrega a los demás. Por eso Dios lo resucitó.

El amor divino es más fuerte que la muerte y la limitación y más fuerte que el mal de los seres humanos. Desde la clave de la entrega y la humildad, que a nosotros nos resulta paradójica, ese amor vence todo el mal que nos aqueja, abriendo la posibilidad de incorporarnos a él para vivir una existencia salvada –que será colmada en la eternidad–: venció en Cristo y vence en cada uno de nosotros, si nos dejamos hacer por él.

Mientras tanto nos toca vivir ese «ya sí, pero todavía no» de la salvación: haciendo presente en nuestra vida y en el mundo el Reino de Dios, la salvación que *ya* se va realizando y construyendo, pero confiando en que el anhelo que nos sigue atrayendo y que experimentamos a veces como una herida *no del todo* colmada lo será en el fin de los tiempos, cuando recibamos como don la vida eterna.

Podemos vivir esta tensión del «ya sí, pero todavía no» al participar de la eucaristía, recibiendo la vida de Cristo, entregando nuestra vida al compartir mesa con él, dispuestos a desposeer humildemente nuestra vida para servir al prójimo, dejando a un lado los deseos que nos llevan desordenadamente a nosotros mismos y permitiendo que sea Dios quien colme nuestros verdaderos deseos. Para ello, empecemos por dejarnos atraer.

Epílogo

Si el hombre pudiera decir lo que ama,
si el hombre pudiera levantar su amor por el cielo,
como una nube en la luz;
si, como muros que se derrumban,
para saludar la verdad erguida en medio,
pudiera derrumbar su cuerpo, dejando solo la verdad de
                                                        [su amor,
la verdad de sí mismo,
que no se llama gloria, fortuna o ambición,
sino amor o deseo,
yo sería aquel que imaginaba;
aquel que con su lengua, sus ojos y sus manos
proclama ante los hombres la verdad ignorada,
la verdad de su amor verdadero.

Libertad no conozco sino la libertad de estar preso en
                                                        [alguien
cuyo nombre no puedo oír sin escalofrío;
alguien por quien me olvido de esta existencia mezquina,
por quien el día y la noche son para mí lo que quiera.
Y mi cuerpo y espíritu flotan en su cuerpo y espíritu
como leños perdidos que el mar anega o levanta
libremente, con la libertad del amor,
la única libertad que me exalta,
la única libertad por que muero.

Tú justificas mi existencia:
si no te conozco, no he vivido;
si muero sin conocerte, no muero, porque no he vivido[15].

Los seres humanos buscamos la *verdad*, anhelamos el *bien*, deseamos la *belleza*... y, sobre todo, queremos *ser* en plenitud, y serlo *eternamente*. Verdad, bien, belleza y ser constituyen una unidad. Al buscarlos y desearlos, buscamos y deseamos a Dios, que es la suprema verdad, el absoluto bien, la belleza más conmovedora y el ser más pleno en que toda la realidad creada tiene su fundamento.

Nuestras preguntas y anhelos se responden desde el misterio de un Dios que es amor pleno y entregado hasta el final para hacer posible la comunión. El amor de Dios Padre en la humanidad de Cristo y por la luz del Espíritu no es la respuesta que anhelamos porque proyectemos al infinito una imagen suprema –e idolátrica– de nosotros mismos. Más bien lo buscamos porque hemos sido hechos para él. Por eso, para cada uno, «la verdad de su amor, la verdad de sí mismo», «no se llama gloria, fortuna o ambición, sino amor o deseo».

El ser de Dios es amor, y nosotros, creados a su imagen y semejanza, encontramos nuestro destino en

---

[15] L. CERNUDA, «Si el hombre pudiera decir», en ID., *Antología*, o. c., p. 108.

el amor recibido y donado humildemente, haciendo así posible la comunión con nuestros hermanos, con la creación y con nuestro Creador. Cuando olvidamos este destino o pretendemos que nuestro fin es otro, acabamos presos de la gloria, la fortuna, la ambición –de nuestro egoísmo, en suma–, viendo frustrado el horizonte excéntrico de nuestra existencia y quedándonos en la tristeza de la soledad.

No siempre sabemos distinguir nuestra propia verdad como criaturas amadas y llamadas; es a veces una «verdad ignorada», en palabras de Cernuda. Pero una verdad que, ya descubierta, «erguida en medio», no puede sino ser proclamada a todos los seres humanos, como una invitación a compartir el gozo de una vida edificada en el amor.

Cuando consentimos a la desmesura del amor divino, nos hacemos libres, con esa «libertad del amor», que es libre y está presa a un tiempo: libre porque no es coaccionada, sino invitada. Presa, porque la lógica del propio amor lleva a comprometerse hasta el final con el amado.

El amor es lo único que hace libre, con esa libertad que «exalta», aunque se muera; que es una oferta abundante de vida y bien, a pesar de todo mal, dolor y muerte; que mantiene la esperanza, a pesar de lo «mezquino» de la existencia. Una libertad que se deja llevar por la gracia y que, paradójicamente, no deja de ser libre, sino que empieza a serlo cuando se abandona en las manos de Dios, tanto si ese Dios tiene un rostro –el de Cristo– como si solo se presiente el soplo de su Espíritu desconocido.

El amor divino es lo que justifica nuestra existencia. Si lo rechazamos, no vivimos, porque la vida es precisamente ese amor participado. Si lo acogemos, ese amor nos pondrá en marcha hacia el corazón divino. Un camino en el que el miedo a la soledad sigue acechando; un camino que puede torcerse hacia el egoísmo por ese mismo miedo; pero un camino que, con paso humilde, lleva a la entraña del Humilde por excelencia, donde todo anhelo será cumplido, todo dolor será sanado, toda separación se hará unión y todos gozaremos juntos de la vida en abundancia hacia la que nuestro deseo nos puso en marcha desde el principio... «atraídos por lo humilde».

ÍNDICE

Prólogo 7

1. «Atraídos...» 13
   Necesidad y deseo 14
   Deseo insaciable 15
   ¿Por qué y para qué vivimos? 16
   Deseo y amor 17
   Deseo de Dios 20

2. «... por lo humilde» 23
   Vivir de apariencias 23
   ¿Apariencia o autenticidad? 24
   La falsa seguridad 26
   Hacia una definición de «humildad» 28
   La verdad del ser humano 31
   Delicadeza amorosa 33
   La humildad en la Biblia 34
   La humildad, apertura a la trascendencia . 35

3. En busca de nuestro ser 39
   La experiencia de trascendencia 40
   La presencia humilde de Dios en nuestra
     vida 41
   Idolatría 43

Hechos para el encuentro con Dios	44
La humildad de Jesús	46
Una humildad que es divina	48
Humildad llevada al extremo	49
La Trinidad: comunión humilde	50
Perder y ganar la vida	52
Humildad para vencer el miedo	54
Dejarnos hacer por Dios	55
Abiertos a la esperanza	58
Consecuencias vitales	59

4. Deseosos del bien 61
    Dejarnos atraer por Dios supone amar al prójimo 61
    Bien propio y bien ajeno 63
    Justicia y misericordia 64
    Vivir desde el dinamismo del don como tarea 66
    Libres para discernir 67
    «Ser» y «actuar» en retroalimentación 68
    Formar nuestra conciencia 70
    La moral cristiana: sencilla y compleja 70
    Cristo, referente de amor pleno 72
    La importancia de la cotidianidad 72
    Exigir los mínimos, caminar hacia el máximo 74
    Hacia una sociedad humilde 75
    Criterios para «aterrizar» 77

5. Preguntando por la verdad 81
    ¿Queremos o no queremos la verdad? 82
    Verdad y humildad 83
    Experiencias de revelación 84
    Jesucristo es la Verdad 85
    La verdad debe personalizarse 86
    Transmisión humilde de la Verdad
        recibida 88
    La importancia de la historia 90
    El papel de la Iglesia 91
    El peligro del fundamentalismo 92
    Humildad eclesial 94
    Consecuencias para la vida 95
    La vida de los santos como invitación 97

6. Seducidos por la belleza 101
    Profundizar en la belleza 101
    Belleza y humildad 103
    La sacramentalidad como transparencia
        de Dios 105
    El cuidado de la creación 106
    La belleza es un don divino 109
    Los sacramentos 110
    Bautismo y confirmación 111
    Reconciliación y unción de los enfermos . 113
    Orden sacerdotal y matrimonio 114
    Eucaristía 116
    Un amor que nos atrae hacia la eternidad . 118

7. Anhelando eternidad 121
    La salvación 121
    Amor incondicional y serio 123
    Fe y obras 125
    Más acá y más allá 127
    La ambivalencia de la muerte 129
    Ya, pero todavía no 130
    Cielo, infierno y purgatorio 131
    Muerte y resurrección 133

Epílogo 137

Títulos de la colección

1. Anthony de Mello, testigo de la luz, *Mª Paz Mariño*
2. Estoy llamando a la puerta, *Carlo Maria Martini*
3. Familia y vida laical, *Carlo Maria Martini*
4. La familia como vocación, *Manuel Iceta*
5. Amor de todo amor, *Hermano Roger*
6. En el nombre de Jesús, *Henri J. M. Nouwen*
7. Cómo elaborar un proyecto de pareja, *Isabel Frías / Juan Carlos Mendizábal*
8. El regreso del hijo pródigo, *Henri J. M. Nouwen*
9. Meditaciones para las familias, *Carlo Maria Martini*
10. El sermón de las siete palabras, *José Luis Martín Descalzo*
11. Peregrino de la existencia, Ángel Moreno, de Buenafuente
12. Despertar, *Anthony de Mello*
13. Hablar de Dios como mujer y como hombre, *Elisabeth Moltmann-Wendel / Jürgen Moltmann*
14. «Tú eres mi amado», *Henri J. M. Nouwen*
15. La Iglesia del futuro, *Cardenal Tarancón*
16. Cristianos en la sociedad secular, *Cardenal Tarancón*

17. HOMBRES Y MUJERES DE DIOS, *Cardenal Tarancón*
18. CULTURA Y SOCIEDAD, *Cardenal Tarancón*
19. PALABRAS SENCILLAS DE NAVIDAD, *Jean-Marie Lustiger*
20. LAS SIETE PALABRAS DESDE AMÉRICA LATINA, *Nicolás Castellanos*
21. UNA VOZ PROFÉTICA EN LA CIUDAD, *Carlo Maria Martini*
22. LA COMUNIDAD. LUGAR DEL PERDÓN Y DE LA FIESTA, *Jean Vanier*
23. MARÍA, MADRE. DEL DOLOR AL CORAJE, *Peter Daino*
24. LA VOCACIÓN DE SAN MATEO, *Antonio González Paz*
25. UNA VOZ DE MUJER, *Mercedes Lozano*
26. ¿QUÉ SACERDOTES PARA HOY?, *Bernhard Häring*
27. ENEAGRAMA Y CRECIMIENTO ESPIRITUAL, *Richard Rohr*
28. DESDE LA LIBERTAD DEL ESPÍRITU, *Antonio Palenzuela*
29. ORAR DESDE BUENAFUENTE DEL SISTAL, *Ángel Moreno, de Buenafuente*
30. CARTA A MI SEÑOR, Ángela C. *Ionescu*
31. EN EL ESPÍRITU DE TONY DE MELLO, *John Callanan*
32. TRES ETAPAS EN LA VIDA ESPIRITUAL, *Henri J. M. Nouwen*
33. CADA PERSONA ES UNA HISTORIA SAGRADA, *Jean Vanier*

34. EVANGELIO EN LA PERIFERIA, *Comunidad de San Egidio*
35. ¿QUÉ DEBEMOS HACER?, *Carlo Maria Martini*
36. «¡OJALÁ ESCUCHÉIS HOY SU VOZ!», *Lluís Duch*
37. EL CUARTO MUNDO, *Àlex Masllorens*
38. «VIA MATRIS» Y «VIA CRUCIS», *Andrés Pardo*
39. QUERIDA IGLESIA, *Carlos G. Vallés*
40. ENCONTRARSE EN EL SOÑAR, *Ramiro J. Álvarez*
41. Y LA MARIPOSA DIJO…, *Carlos G. Vallés*
42. SIGNOS DE VIDA, *Henri J. M. Nouwen*
43. EL SANADOR HERIDO, *Henri J. M. Nouwen*
44. ROMPIENDO ÍDOLOS, *Anthony de Mello*
45. LA ORACIÓN CONTEMPLATIVA, *Thomas Merton*
46. LA VIDA, CONSTANTE OPORTUNIDAD DE GRACIA, *Richard Rohr*
47. FÁBULAS Y RELATOS, *José Luis Martín Descalzo*
48. ESPERANZA, MISERICORDIA, FIDELIDAD, *Juan María Uriarte*
49. EL PADRENUESTRO, *Bernhard Häring*
50. AMOR, ¿TÚ QUIÉN ERES?, *Manuel Iceta*
51. «HERIDA Y ANCHÍSIMA SOLEDAD», *Ángel Moreno, de Buenafuente*
52. OJOS CERRADOS, OJOS ABIERTOS, *Carlos G. Vallés*
53. VIRGEN DE SANTA ALEGRÍA, *Carlos G. Vallés*
54. PROYECTO DE UNA VIDA LOGRADA, *Bernhard Häring*
55. PARÁBOLAS, *Megan McKenna*

56. «Sin contar mujeres y niños», *Megan McKenna*
57. El presbítero como comunicador, *Carlo Maria Martini*
58. Vivir en la fragilidad, *Cardenal Danneels*
59. Cristo, *Rabindranath Tagore*
60. Palabras en silencio, *Khalil Gibran*
61. El camino de Timoteo, *Carlo Maria Martini*
62. El amor de pareja, *Mercedes Lozano*
63. Itinerario hacia Dios, *Ignacio Larrañaga*
64. El sacramento del pan, *Manuel Díaz Mateos*
65. La voz interior del amor, *Henri J. M. Nouwen*
66. «¿Puedes beber este cáliz?», *Henri J. M. Nouwen*
67. La oración. Frescor de una fuente, *Madre Teresa / Hermano Roger*
68. Hombre amable, Dios adorable, *Cardenal Danneels*
69. Amar hasta el extremo, *Jean Vanier*
70. La cena del Señor, *Carlo Maria Martini*
71. La vida en Cristo, *Raniero Cantalamessa*
72. Fuera del sendero trillado, *Michel Hubaut*
73. La rosa y el fuego, *Ignacio Larrañaga*
74. Oraciones desde la abadía, *Henri J. M. Nouwen*
75. La Anunciación. Conversaciones con Fray Angélico, *J. Mª Salaverri*
76. Orar, tiempo del Espíritu, *Ángel Moreno, de Buenafuente*
77. Un ministerio creativo, *Henri J. M. Nouwen*

78. Hijos y hermanos en torno a Jesús, *Julio Parrilla*
79. Encontrarnos a nosotros mismos, *Carlo Maria Martini*
80. Las comunidades según el Evangelio, *Madeleine Delbrêl*
81. La contemplación de Dios, tarea apostólica, *Juan José Bartolomé*
82. Mi diario en la abadía de Genesee, *Henri J. M. Nouwen*
83. Cristo entre nosotros, *Cardenal Pironio*
84. Las preguntas de Jesús, *Fernando Montes*
85. Diccionario espiritual, *Carlo Maria Martini*
86. Adam, el amado de Dios, *Henri J. M. Nouwen*
87. El canto del Espíritu, *Raniero Cantalamessa*
88. La buena noticia según Lucas, *Richard Rohr*
89. Al servicio del Evangelio, *Cardenal Pironio*
90. Ángeles en la tierra, *Megan McKenna*
91. Leer los evangelios con la Iglesia, *Raymond E. Brown*
92. Para vivir la Palabra, *Carlo Maria Martini*
93. Acoger nuestra humanidad, *Jean Vanier*
94. Nuestro mayor don, *Henri J. M. Nouwen*
95. Job y el misterio del sufrimiento, *Richard Rohr*
96. Parábolas y eneagrama, *Clarence Thomson*
97. La aventura de la santidad, *Hermano John de Taizé*

98. Vivir los valores del Evangelio, *Carlo Maria Martini*
99. Le hablaré al corazón, *Manuel Díaz Mateos*
100. Cambiar desde el corazón, escuchar al Espíritu, *Henri J. M. Nouwen*
101. Hombre y mujer los creó, *Jean Vanier*
102. Retrato de Taizé, *Chantal Joly / Hermano Roger*
103. Las fuentes de Taizé. Amor de todo amor, *Hermano Roger*
104. El tambor de la vida. Partituras de ritmos del alma, *Carlos G. Vallés*
105. Extiende tu mano, *Julio Parrilla*
106. La familia, comunidad de amor, *Atilano Alaiz*
107. Gustad y ved qué bueno es el Señor, *Ángel Moreno, de Buenafuente*
108. ¿Ocasión o tentación?, *Silvano Fausti*
109. Diario del último año de vida de Henri Nouwen, *Henri J. M. Nouwen*
110. Podemos vivir en plenitud, *Clemente Kesselmeier*
111. «Cuando oréis, decid…», *Carlo Maria Martini*
112. Senderos de vida y del Espíritu, *Henri J. M. Nouwen*
113. Sobre la justicia, *Carlo Maria Martini*
114. Dios solo puede amar, *Hermano Roger*
115. La escala de las bienaventuranzas, *Jim Forrest*

116. La cena en Emaús, *Antonio González Paz*
117. El patito feo, *Emanuela Ghini*
118. En el deseo y la sed de Dios, *José Miguel de Haro*
119. Cuentos al amanecer, *Mamerto Menapace*
120. Cuentos desde la Cruz del Sur, *Mamerto Menapace*
121. El Dios de los imperfectos, *Teófilo Cabestrero*
122. ¡Es el Señor!, *José María Arnaiz*
123. Retablo de Maese Pedro, *Antonio González Paz*
124. El camino de las Escrituras. I. Lámpara para mis pasos, *Mamerto Menapace*
125. El camino de las Escrituras. II. Luz en mi sendero, *Mamerto Menapace*
126. Dios también reza, *Ignacio Rueda*
127. El reloj de arena, *Santos Urías*
128. Miryam de Nazaret, *Juan de Isasa*
129. Relatos desde el Oriente Pacífico, *Kiko Sagardoy*
130. Soy lo que hago, *Carlos F. Barberá*
131. Vivir como un niño. Meditaciones sobre «El Principito», *Antonio González Paz*
132. Sombras vivas, *Tintxo Arriola*
133. La luz del alma, *Ana María Schlüter*
134. India enseña, *Carlos G. Vallés*
135. Revive el don recibido, *José Luis Pérez Álvarez*

136. EL CRISTO DE SAN DAMIÁN, *Francisco Contreras Molina*
137. VERBOS DE VIDA, *Francisco Álvarez*
138. LA BIBLIA DE LA EXPERIENCIA, *Alberto Iniesta*
139. FIARSE DE DIOS, REÍRSE DE UNO MISMO, *José María Díez-Alegría*
140. DIOS, ¿UN EXTRAÑO EN NUESTRA CASA?, *Xavier Quinzà Lleó*
141. DÍA A DÍA CON MONSEÑOR ROMERO
142. LOS CAMINOS DEL SILENCIO, *Michel Hubaut*
143. LA VIRGEN DEL PERPETUO SOCORRO, *Francisco Contreras Molina*
144. GRATUITO, *Patxi Loidi*
145. TODO A CIEN. DE LAS COSAS PEQUEÑAS, *Ignacio Rueda*
146. ¿PRESIENTES UNA FELICIDAD?, *Hermano Roger*
147. ORAR EN EL SILENCIO DEL CORAZÓN, *Hermano Roger*
148. ALEGRÍAS RECOBRADAS, *Carlos G. Vallés*
149. CREYENTE CRISTIANO, *Jean-Yves Calvez*
150. DAME, SEÑOR, TU MIRADA, *Nuria Calduch-Benages*
151. LA SONRISA EN LA MIRADA, *Santos Urías*
152. SACERDOTES, *Carlos Amigo Vallejo*
153. ORAR CON LOS MÍSTICOS, *Maximiliano Herráiz*
154. EL CANTO DE LOS MIRLOS, *Antonio García Rubio / Francisco J. Castro Miramontes*

155. EL ADIÓS DEL PAPA WOJTYLA, *Marco Politi*
156. EL SERMÓN DE LA MONTAÑA, *Carlo Maria Martini*
157. A LA SOMBRA DEL ÁRBOL, *Antonio García Rubio / Francisco J. Castro Miramontes*
158. SEMILLAS DE LUZ, *Ángel Moreno, de Buenafuente*
159. SAN PABLO NOS HABLA HOY, *Raúl Berzosa / Jacinto Núñez Regodón*
160. ¿ES POSIBLE HABLAR DE DIOS?, *Jean-Pierre Jossua*
161. MARÍA, UNA MUJER JUDÍA, *Frédéric Manns*
162. EL SEÑOR RESUCITADO Y MARÍA MAGDALENA, *Francisco Contreras Molina*
163. VIVIR EN INVIERNO, *Jesús Garmilla*
164. EL CÁNCER ME HA DADO LA VIDA, *Francisco Contreras Molina*
165. HENRI NOUWEN. LAS CLAVES DE SU PENSAMIENTO
166. ESTA NOCHE EN CASA, *Henri J. M. Nouwen*
167. GENTE POR JESÚS, *Antonio García Rubio / Francisco J. Castro Miramontes*
168. CONFESIONES DE UN CURA RURAL, *Francisco Contreras Molina*
169. LA HENDIDURA DE LA ROCA, *Dolores Aleixandre*
170. «SALGAMOS A BUSCARLO FUERA DE LA CIUDAD», *Toni Catalá*
171. GRACIA Y GLORIA, *José Luis Pérez Álvarez*
172. VIVIR PARA AMAR, *Hermano Roger*

COLECCIÓN SAUCE

173. PLEGARIAS ATEAS, *Ignacio Rueda*
174. MEDITACIONES SOBRE LA ORACIÓN, *Carlo Maria Martini*
175. MIL PENSAMIENTOS PARA ILUMINAR LA VIDA, *José Luis Vázquez Borau*
176. LAS MUJERES DE LA BIBLIA, *Jacqueline Kelen*
177. ¡OJALÁ ESCUCHÉIS HOY SU VOZ!, *Juan Martín Velasco*
178. AMAR LO QUE SE CREE, *Antonio González Paz*
179. COMO EN UN ESPEJO, *Mercedes Lozano*
180. A LA ESCUCHA DE LA MADRE TERESA, *José Luis González-Balado / Janet Nora Playfoot Paige*
181. COMENTARIO A NOCHE OSCURA DEL ESPÍRITU Y SUBIDA AL MONTE CARMELO, DE SAN JUAN DE LA CRUZ, *Fernando Urbina*
182. ENCUENTROS CON JESÚS, *Carlo Maria Martini*
183. NO PODEMOS CALLAR, *Ángela C. Ionescu*
184. ESCOGER AL POBRE COMO SEÑOR, *Dominique Barthélemy*
185. EL BARRO DE LOS SUEÑOS, *Tintxo Arriola*
186. ¿CÓMO VOY A COMPRENDER, SI NADIE ME LO EXPLICA?, *Ángel Moreno, de Buenafuente*
187. ¿TÚ CREES?, *Raniero Cantalamessa*
188. BALBUCEOS DEL MISTERIO, *Sandra Hojman*
189. SENDEROS HACIA LA BELLEZA, *José Alegre*
190. ORACIONES DE INVIERNO, *Bittor Uraga*
191. JESÚS, MAESTRO DE MEDITACIÓN, *Franz Jalics*

192. Bienaventurados, *José Luis Pérez Álvarez*
193. Emigrante: el color de la esperanza, *Mons. Santiago Agrelo*
194. Caer y levantarse, *Richard Rohr*
195. Peregrinos de confianza, *Hermano Alois, de Taizé*
196. Hacia la luz, *Carlo Maria Martini*
197. El camino de nuestra Señora, *Antonio González Paz*
198. Despierta y alégrate, *Xosé Manuel Domínguez Prieto*
199. Carlos de Foucauld. La fragancia del Evangelio, *Antonio López Baeza*
200. Discípulos del Resucitado, *Carlo Maria Martini*
201. Cómo hacer meditación, *Clodovis Boff*
202. El camino de la oración, *Andrea Gasparino*
203. Habitar el silencio, *Luis A. Casalá*
204. El camino de la meditación, *John Main*
205. En la tierra silenciosa, *Martin Laird*
206. Nacer de nuevo, *Alejandro Fernández Barrajón*
207. Anda, déjate querer…, *Antonio González Paz*
208. Regalarnos una tarde, *Mariola López Villanueva*
209. El Evangelio de la pereza, *François Nault*
210. Una ausencia iluminada, *Martin Laird*

COLECCIÓN SAUCE

211. BREVE INTRODUCCIÓN A LA CARIDAD, *Mons. Bruno Forte*
212. ORAR CON MADELEINE DELBRÊL, *Bernard Pitaud*
213. PERLAS EN EL DESIERTO, *Antonio García Rubio*
214. CENTINELA EN LA NOCHE, *José Luis Vázquez Borau*